Bereits in der ersten Titanic, die im November 1979 erschien, schrieb Walter Boehlich seine politische Kolumne, und in keiner anderen Zeitung oder Zeitschrift publizierte der Kritiker so kontinuierlich wie in diesem Satiremagazin. Zusammengelesen ergeben die Artikel eine andere Chronik der Bundesrepublik. Boehlich, die »schillerndste, mysteriöseste und gleichzeitig ehrfurchtgebietendste Persönlichkeit der Titanic« (laut Titanic-Redaktion) schrieb über vorenthaltene Bürgerrechte, den Staat der Parteien, der von seiner nationalsozialistischen Vergangenheit nichts wissen will, über die Sprache der Politiker, die das verdecken, und die ihm fremden Deutschen, die alles ihnen Fremde ausgrenzen. Dieser Band bietet eine Auswahl der Kolumnen aus den Jahren 1979 bis 2001.

Walter Boehlich (1921–2006) war Literaturkritiker, Verlagslektor, Übersetzer und Herausgeber. Unter anderem schrieb er für Die Zeit, Süddeutsche Zeitung, Deutsche Volkszeitung und Konkret, kannte den Kulturbetrieb wie nur wenige andere, war von 1957 bis 1968 als Cheflektor beim Suhrkamp Verlag tätig und regelmäßig in den Sendereihen »Kulturelles Wort« im Hessischen Rundfunk und »Kritisches Tagebuch« im Westdeutschen Rundfunk zu hören.

Stefan Gärtner war von 1999 bis 2009 Redakteur der Titanic. Er ist in der Nachfolge von Walter Boehlich Autor der politischen Kolumne, schreibt Romane und Zeitkritisches und außerdem für junge Welt, Konkret, Neues Deutschland, taz und WOZ (Zürich).

Christoph Kapp, Mitarbeiter am Institut für Germanistik der Universität Potsdam, schreibt eine Biographie Walter Boehlichs.
Helen Thein, Bibliothekarin im Leibniz-Zentrum für Zeithistorische Forschung Potsdam, hat die Nachlassbibliothek von Walter Boehlich aufgearbeitet.

WALTER BOEHLICH

KEIN GRUND ZUR SELBSTREINIGUNG

Die Titanic-Kolumnen

Herausgegeben von Christoph Kapp und Helen Thein

Mit einem Nachwort von Stefan Gärtner

VERBRECHER VERLAG

Dieser Band erscheint mit freundlicher Unterstützung
der Autorenstiftung Frankfurt am Main.

Erste Auflage
Verbrecher Verlag 2019

@ Verbrecher Verlag 2019
@ Texte: Walter Boehlich / Autorenstiftung Frankfurt am Main

www.verbrecherei.de

Druck: CPI Clausen & Bosse, Leck

ISBN: 978-3-95732-383-5

Printed in Germany

staat bürger

parteien staat

krieg schuld

vergeht verbrechen

politiker reden

fremde deutsche

staat bürger

Ein Gemüsehändler als Verfassungsfeind

Drei Kabinettstücke der deutschen Justiz: Wie man verhindert, daß
ein Kommunist als Richter, ein Gemüsehändler als Antifaschist
und ein Nazirichter als Verfassungsfeind anerkannt wird.

Kein Zweifel ist daran erlaubt, daß wir in dem freiesten Staate leben,
den es je auf deutschem Boden gegeben hat. Wir haben herrliche
Rechte, in denen niemand uns verkürzen darf, und wir werden versichert, daß wir alle gleich seien vor dem Gesetz. Wie in mythischen
Zeiten mangelt uns nichts; wir haben einen Hirten, der uns auf einer
grünen Aue weidet und uns zum frischen Wasser führt. Allerdings
ist er besorgt, daß wir auf der rechten Straße wandeln, denn wenn
wir das nicht tun, ist es vorbei mit der Gleichheit, vorbei mit der grünen Aue und vorbei mit dem frischen Wasser. Die linke Straße ist
versperrt. Niemand darf ungestraft auf ihr wandeln, sonst wird er
schnell sehen, daß es so ernst nicht gemeint war mit den schönen
Verfassungsversprechungen.

In Hamburg, der Freien und Hansestadt, hat ein junger Mann
Richter am Sozialgericht werden wollen. Er ist von seinen Ausbildern
hervorragend beurteilt worden und hat nie Anlaß zu Klagen gegeben.
Der zuständige Senator hat ihn zur Ernennung vorgeschlagen, aber
er ist nicht ernannt worden. Es gibt da nämlich einen unverantwort-
lichen Richterwahlausschuß, der das letzte Wort zu reden hat. Er hat
den jungen Mann abgelehnt. Gründe dafür braucht er nicht anzuge-
ben, vielmehr ist er sogar zur Verschwiegenheit verpflichtet. Trotzdem
hat sich herumgesprochen, wo der Hund begraben liegt. Der junge
Mann soll Mitglied der DKP sein, und einen Kommunisten wollten

zehn von den vierzehn Mitgliedern des Richterwahlausschusses als Richter nicht haben. Man möchte da lieber unter sich bleiben.

Das Spiel ist alt. Die DKP ist eine zugelassene Partei, deren Verbot als verfassungswidrig nie jemand beantragt hat. Es ist aber nicht verboten, sie verfassungsfeindlich zu nennen, und niemand braucht zu beweisen, daß sie das ist und daß alle ihre Mitglieder das sind, prinzipiell und mehr als die Mitglieder anderer Parteien. Kommunisten nämlich sind vor allem anderen Kommunisten und als solche unterschiedslos. In allen anderen Parteien gibt es Fraktionen, liberale und reaktionäre und radikale, die in entscheidenden Fragen die unterschiedlichsten Meinungen haben. Kommunisten haben aber nur eine Meinung, die der Partei. Punkt. Kommunisten mit eigener Meinung gibt es einfach nicht, jedenfalls nicht bei uns. Da ist einer wie der andere und hat nichts im Sinne als die freiheitlich demokratische Grundordnung abzuschaffen.

Nur, woher wußten die Herren des Richterwahlausschusses, daß der junge Mann Mitglied der DKP ist? Sie hätten es gar nicht wissen dürfen, weil in Hamburg die Regelanfrage abgeschafft ist. Und wenn sie es schon etwas außerhalb der Legalität erfahren hatten, hätten sie die bloße Mitgliedschaft nicht zum Grunde ihrer Ablehnung machen dürfen; das wünscht das Bundesverfassungsgericht nämlich nicht. Es hätten schon ernsthafte Zweifel an der Verfassungstreue des Bewerbers vorliegen müssen – aber solche Zweifel, begründete Zweifel, gab es nicht. Es gab nur die Vermutung, daß ein Mitglied der DKP im Ernstfalle gar nicht verfassungstreu sein kann, eine Vermutung, die offenbar inzwischen Verfassungsrang erlangt hat und die dazu führt, ein Grundrecht außer Kraft zu setzen. Wer also verhält sich da verfassungswidrig? Der Bewerber oder der Richterwahlausschuß?

Dem neuen Hamburger Bürgermeister war die ganze Geschichte nicht sehr recht. Er hat versucht, auf seinen unabhängigen Senator Einfluß zu nehmen, ihn davon abbringen wollen, den kommunistischen Bewerber überhaupt vorzuschlagen. Es ist schön, daß man auf solche Weise erfährt, was prominente Sozialdemokraten von Grundrechten halten. Was sie von Kommunisten halten, haben wir ebenfalls erfahren: »Wir Sozialdemokraten haben mit Kommunisten, wo sie die Macht haben, nur Erfahrungen der politischen Verfolgung gemacht.« Darf man fragen, welche Erfahrungen die Kommunisten bei uns mit den Sozialdemokraten gemacht haben, dort, wo die die Macht haben? Ganz zu schweigen von der CDU. Der junge Mann wird den Klageweg beschreiten müssen, und da wird es ihm vermutlich ergehen wie seinem Vorgänger in Nordrhein-Westfalen, der gleichfalls gescheitert ist. Der Richterwahlausschuß auf jeden Fall ist fein heraus. Er braucht keine Auskünfte über die Gründe seiner Ablehnung zu geben, und es ist nicht einmal sicher, ob man gegen ihn überhaupt klagen kann, denn er ist weder jemandem Rechenschaft schuldig noch irgendwem verantwortlich. Er hat nur eine Aufgabe, die Hamburger Richterschaft sauber zu halten, Schmuddelkinder gar nicht erst in sie einziehen zu lassen. Wie sauber diese Richterschaft ist, weiß man ja ziemlich gut und nicht erst seit dem Augenblick, in dem ein ehemaliger NS-Richter, dessen grausame Urteile zum mindesten die Angehörigen seiner Opfer nicht vergessen haben, zum Senatspräsidenten befördert werden sollte. Da war zum Glück der Richterwahlausschuß nicht zuständig, denn Richter sind unabsetzbar, mögen sie getan haben, was immer. Es lebt sich auf der rechten Straße in der Tat besser mit den Blutrichtern von einst als mit einem Kommunisten, der erst einmal beweisen müßte, daß er Unrecht sprechen wird. Man gibt ihm besser nicht erst die Möglichkeit dazu. In Hamburg nicht und anderswo auch nicht.

Kommunisten also wollen wir wegen stets vorauszusetzender mangelnder Verfassungstreue nicht als Richter, und vermutlich tun wir gut daran, denn die Richter, die wir haben, bieten allesamt die schönste Gewähr dafür, daß Recht Recht bleibt. So hat es ein Gemüsehändler erfahren, der als »Rebell vom Remstal« bekannt geworden ist. Sein Vater, ein schwäbischer Jude, ist im Dritten Reich »umgekommen«, seine sechs Onkel sind damals als »Volksschädlinge« hingerichtet worden. Dieser Mann ist ein wenig empfindlich und nicht ganz zufrieden mit der Entwicklung der Bundesrepublik. Im April vorigen Jahres kleidete er sich in eine schwarze Robe, deren rechte Schulter mit einem roten Hakenkreuz geziert war, und stellte sich vor dem ehemaligen KZ Dachau auf, in der Hand ein Plakat, auf dem zu lesen war: »Und keiner soll eines Tages sagen, wir haben von dem Verbrechen nichts gewußt. 30 Jahre Amtsverfolgung mit willigen furchtbaren Juristen. Und Filbinger und Blaß ist frei. Ist das der beste Rechtsstaat?«

Wer da denkt, die Justiz hätte sich durch solche Sätze gekränkt gefühlt, irrt sich. Nicht wegen Verleumdung oder falscher Anschuldigung wurde der Gemüsehändler angezeigt, sondern weil er öffentlich ein Kennzeichen einer verfassungswidrigen Organisation verwendet habe. Bei dieser Organisation handelt es sich um die NSDAP, deren Kennzeichen man in der Bundesrepublik bekanntlich nirgends erblickt – weder im Kino noch auf Druckschriften noch gar auf umgestürzten Grabsteinen. Die Paragraphen 86 und 86 a des Strafgesetzbuches verbieten das.

Sie verbieten es jedenfalls, sofern die Absicht besteht, damit Bestrebungen einer ehemaligen nationalsozialistischen Organisation fortzusetzen. Da jeder bestraft würde, der das dennoch täte, tut es einfach niemand. Die Druckschriften des Neofaschismus, der nichts ist als der alte Faschismus, die Hitler verherrlichen und die KZ-Morde leugnen, stammen ja lediglich aus unseren Alpträumen, nicht etwa aus der Wirklichkeit der Bundesrepublik. Und da das so ist, mußte unsere Justiz unter allen Umständen gegen den Gemüsehändler einschreiten, der offen ein Hakenkreuz zur Schau gestellt hatte. In der ersten Instanz ist er merkwürdigerweise freigesprochen worden, im wesentlichen mit der Begründung, daß es nicht seine Absicht gewesen sei, Propaganda für den Nationalsozialismus zu machen, sondern über Dinge aufzuklären, die ihm als Mißstände erschienen seien. Nun kennt man ja unsere Staatsanwälte, die nichts so ernst nehmen wie ihre Aufgabe, neben belastenden auch entlastende Argumente zu sammeln. Die Staatsanwaltschaft also hat Revision eingelegt, und das Bayerische Oberste Landesgericht hat jetzt das Urteil des Amtsgerichts Dachau aufgehoben und in einer Sprache, die, wenn schon sonst nichts, so doch eine unleugbare Deformation des Denkens verrät, behauptet, daß »der Tatbestand, um seinem Schutzzweck in jedem Fall gerecht zu werden, in formalisierender Weise und daher in Einzelfällen über diesen Zweck hinaus grundsätzlich jedes irgendwie geartete Gebrauchmachen erfaßt.« Es wollte damit ausdrücken, daß der Gemüsehändler sich nicht darauf berufen könne, keineswegs beabsichtigt zu haben, Bestrebungen des Nationalsozialismus fortzusetzen.

Der Paragraph 86 a habe das Ziel, sagen die Münchner, Kennzeichen wie das Hakenkreuz grundsätzlich aus dem Bild des politischen Lebens der Bundesrepublik zu verbannen. Er diene der Wahrung des politischen Friedens und solle den Eindruck bei in- und ausländischen Beobachtern verhindern, es gebe eine rechtsstaatswidrige innenpolitische Entwicklung in der Bundesrepublik; ein Gedanke, der dem Bundesgerichtshof gekommen ist. Denkt man ihn zu Ende, so heißt das, daß dieser Eindruck weder erweckt werden darf, wenn er unberechtigt ist, noch wenn er berechtigt ist, und daß der politische Friede nicht durch eine rechtsstaatswidrige Entwicklung gestört wird, sondern durch den Hinweis auf sie, sofern er unter Zuhilfenahme von Kennzeichen der NSDAP erfolgt.

Der Gemüsehändler wird zwar nicht gehenkt werden, aber verurteilt werden soll er doch. Er hat den Rechtsfrieden gestört dadurch, daß er ein Hakenkreuz auf eine schwarze Robe geheftet hat, und nichts nützt es ihm, daß das die prägnanteste und antifaschistischste Art war, anzudeuten, daß die braunen Richter nach dem Ende des Dritten Reiches jahrzehntelang noch unter uns gewesen sind. Da man ihm bei seiner Vorgeschichte schlecht in die Schuhe schieben kann, für die NSDAP zu werben, sagt das Oberste Landesgericht in seinem Schlußsatz, daß zur Anwendung der §§ 86 und 86a ein Bekenntnis zu den Zielen einer verbotenen Organisation gar nicht erforderlich sei. Das ist so eindeutig wie der famose Satz des Bundesgerichtshofes, die Strafvorschrift des Paragraphen 86a gelte nicht lediglich der Abwehr einer Wiederbelebung der verbotenen Organisation oder der von ihr verfolgten verfassungsfeindlichen Bestrebungen. Da kann sich jeder heraussuchen, ob die Nazis selbst schon verfassungsfeindliche Bestrebungen geahndet oder dieselben nur im Auge gehabt haben.

Was sie wirklich verfolgt haben, waren Volksschädlinge wie der Vater und die Onkel des Gemüsehändlers oder Defätisten, Antifaschisten, Wehrkraftzersetzer und dergleichen. Dazu hatten sie den Volksgerichtshof, dessen Ankläger und Richter das ruhigste Leben der Welt genossen haben, nachdem es ihren Volksgerichtshof nicht mehr gab. Sie haben sich verdient gemacht um die Wehrhaftigkeit der Nation und natürlich auch um die rechte Straße. Sie sind aber nicht nur nie zur Rechenschaft gezogen worden, sondern haben auch nach 1945 noch Karriere machen können. Einer dieser furchtbaren Juristen war Edmund Stark, von 1942 bis 1945 Ankläger unter Roland Freisler, Mitschuldiger an wenigstens 50 Todesurteilen, der es nach 1945 zum Landgerichtsdirektor in Ravensburg brachte. Schließlich wurde er pensioniert, in allen Ehren und mit allen Bezügen, aber einen ruhigen Ruhestand sollte er trotzdem nicht genießen, denn das Bundesverteidigungsministerium ernannte den verdienten Mann zum Vorsitzenden eines Prüfungsausschusses für Kriegsdienstverweigerer, wozu er sich vermutlich weniger durch seine Urteile gegen Mitglieder der damals illegalen Sozialdemokratischen Partei als vielmehr durch seine Urteile gegen Wehrkraftzersetzer empfahl.

Er hat rund 1000 Prüfungsverfahren geleitet, und es müßte mit dem Teufel zugehen, wenn er seine Erfahrungen unter Freisler nicht genutzt hätte. Man weiß es nicht, aber man wird es vielleicht erfahren, wenn das Bundesverteidigungsministerium oder die Betroffenen mit der Sprache herausrücken. Daß es Quoten gibt, die nicht überschritten werden dürfen, wissen wir, seit jüngst ein Vorsitzender eben dieser Quoten wegen zurückgetreten ist. Hat Edmund Stark diese Quoten noch unterschritten? Hat wirklich niemand seine Vergangenheit gekannt? Keiner seiner Kollegen, kein Mensch in Lebers Ministerium? Ist die Tatsache, daß einer Ankläger beim Volksgerichtshof war, noch heute eine Empfehlung für ihn? Ist dort eigentlich Recht gesprochen worden, oder was sonst?

Es ist wahr, die deutsche Justiz hat den Mantel der bekannten christlichen Nächstenliebe über ihre braunen Verbrechen gedeckt, aber es gibt ja immerhin ein fast tausend Seiten starkes Werk von Walter Wagner über den Volksgerichtshof, welches sich allerdings dadurch auszeichnet, daß es Namen kaum nennt. Man weiß ja, was das für Leute sind, die so weit gehen, ihr eigenes Nest zu beschmutzen, aber man weiß eben auch, daß dieser Volksgerichtshof zwar 1937 nur jeden zwanzigsten Angeklagten zum Tode verurteilt hat, acht Jahre später aber beinahe jeden zweiten, im ganzen von 1937 bis 1944 über 5000, davon jeden hundertsten unter Mitwirkung von Edmund Stark, der sicherlich der beste Mann war, das Gewissen junger Kriegsdienstverweigerer zu prüfen, es zu messen an seinem eigenen »Gewissen«. Ihn hat der Herr in der Tat sein Leben lang auf einer grünen Aue geweidet und ihn zum frischen Wasser geführt. Es sieht so aus, als brauchte der Rechtsstaat, den wir verteidigen sollten, Juristen wie ihn, aber doch um Gottes willen keine Kommunisten, und als brauchte unsere Justiz Opfer wie den Gemüsehändler aus Remstal, aber nicht den Oberlandesgerichtsrat aus Hamburg oder den Landgerichtsdirektor aus Ravensburg.

Merke: 1 Globke, 1 Vialon, 1 Filbinger oder 1 Aschenbach, 1 Schiller, 1 Carstens schaden der FdGO mehr als 1000 kommunistische Richter, Lehrer, Lokomotivführer oder was auch immer.

November 1981

Ein Nürnberger Prozeß

Wie spielt der Zufall im Prozeß gegen die Demonstranten aus dem KOMM? Bei den Akten der Staatsanwälte Hubmann und Horn fanden sich nur Protokolle, die ihre Anklage auf schweren Landfriedensbruch stützen. So spielt der Zufall.

Den Nürnbergern wird spöttisch nachgesagt, sie hingen keinen, sie hätten ihn denn. Damit müssen die Nürnberger leben, und niemand wird ihnen vorwerfen, daß sie, um wenigstens dem Spotte zu entgehen, allen Ehrgeiz daran wenden, möglichst viele zu fangen, obgleich sie sie gar nicht mehr hängen dürfen. Sie scheinen sich mit dem Gedanken zu beruhigen, daß man ja noch sehen könne, was man mit den Gefangenen anstellen werde. Unglücklicherweise sind sie genötigt, deswegen Prozesse zu führen, und sie sollten sich wohl einmal fragen, ob der Spott nicht das geringere Übel sei. Denn was sie sich jetzt eingehandelt haben, sich und uns nebenbei, ist um vieles schlimmer.

Nürnberg, man erinnert sich, ist eine prozeßgewohnte Stadt, in deren alten Folterkammern noch immer die Eiserne Jungfrau steht, als Museumsstück. Sie wird so wenig mehr benutzt wie die Haken, an denen in Nürnberg, wenn auch nicht von den Nürnbergern, ein paar bekannte Verbrecher aufgeknüpft wurden, für die die alte Reichsstadt die Stadt der Reichsparteitage gewesen war – und auch die Stadt der Nürnberger Gesetze, die seitdem nicht mehr anwendbar sind. Keine schöne Vergangenheit für eine Stadt. Man sollte sie ihr nicht vorwerfen; sie kann sicherlich nichts dafür, es ist über sie gekommen wie der Gauleiter Julius Streicher. Aber eben doch eine Vergangenheit, mit der die Nürnberger leben müssen und die sie hätte bewegen sollen, es einmal mit der strengsten Rechtlichkeit zu versuchen, um nicht alte Erinnerungen wach werden zu lassen. Hat die Stadt oder die Nürnberger Justiz sich bewegen lassen?

Sie hat am 6. März des vergangenen Jahres auf einen Schlag 141 junge Leute festgenommen und sie in einer Nacht- und Nebelaktion auf die Gefängnisse des Landes verteilt. Das ist, was seitdem »die Massenverhaftung« genannt wird, für die es kein Beispiel in der Justizgeschichte der Bundesrepublik gibt. Im Nürnberger Kommunikationszentrum saßen am 5. März ein paar hundert Frauen und Männer und sahen sich einen Film der Amsterdamer Kraker an. Danach blieben einige sitzen, während andere durch die Stadt zogen und randalierten, wobei sie einen Schaden von nicht ganz 21 000 Mark anrichteten. Man muß das nicht gutheißen, so wenig wie man die Millionen- und Milliardenschäden gutheißen muß, die »Umweltsünder« oder schlicht »die Industrie« verursachen und die nachweislich allemal Massenverhaftungen zur Folge haben. So ist der Rechtsstaat.

Die Nürnberger Polizei scheint, obwohl sie den Krawallzug mit 20–25 Streifenwagen begleitete, der Sache keine große Bedeutung beigelegt zu haben; jedenfalls hat sie niemanden an Ort und Stelle sistiert. Dafür erschien sie später wieder vor dem Zentrum, in dem aus guten Gründen niemand sang: »KOMM, Trost der Nacht«. Und was tat sie da? Sie überprüfte die Personalien der Anwesenden, gleichgültig, ob die mitmarschiert waren oder nicht. Die Polizei wußte damals nämlich nicht, wer überhaupt mitmarschiert war. Warum kam die Polizei? Aus eigenem Entschluß oder auf Weisung? Und wenn auf Weisung, dann auf wessen Weisung? So viele Fragen, so wenige Antworten. Niemand weiß es, das heißt, die, die es wissen, schweigen darüber.

Es kam nicht nur die Polizei, es kamen auch Ermittlungsrichter, deren Zuständigkeit äußerst strittig ist. Die nach dem Dienstplan vorgesehen waren es jedenfalls nicht, was den Nürnberger Strafverfolgungsbehörden aber nur wenig Sorge bereitet, so wenig offenbar, daß sie dann auch noch Wege fanden, die später Angeklagten ihrem gesetzlichen Richter zu entziehen. Zuständig wäre die 7. Große Strafkammer gewesen, die aber war angeblich überlastet, so angeblich und so überlastet, daß die 13. Große Strafkammer ans Werk gehen durfte. Wären die Nürnberger nur ein wenig abergläubischer, gäbe es diese Kammer überhaupt nicht. Daß es sie doch gibt, hat sich bitter gerächt.

Es kamen also die Ermittlungsrichter. Und was brachten die ganz zufällig mit? Hektographierte Haftbefehle, die in jedem einzelnen Falle denselben Haftgrund nannten: schweren Landfriedensbruch. Jedermann freut sich, wenn seine Justiz gründlich und schnell unterrichtet ist, nur wieder: Wer hatte diese Justiz so schnell und so gründlich unterrichtet? Und worauf stützte sich diese Unterrichtung? Die Strafprozeßordnung sagt in ihrem § 112, daß jeweils die Umstände des Einzelfalles geprüft werden müßten. Nehmen wir an, die Ermittlungsrichter hätten sich an die Strafprozeßordnung gehalten – dann hätten ihnen für alle 141 Verhafteten Polizeiprotokolle vorliegen müssen, aus denen die Teilnahme der Überprüften an der »Demonstration« hervorgegangen wäre.

Gab es also solche Polizeiprotokolle? Im Laufe der Verhandlung hat sich mühsam ermitteln lassen, daß es tatsächlich Polizeiprotokolle gab; sie tauchten plötzlich auf, nachdem die Verteidigung zu erkennen gab, daß sie von ihnen wisse. Nur stand in ihnen, daß die vernommenen Polizisten sich außerstande sahen, irgendeinen Teilnehmer zu identifizieren. Es kommt aber noch besser. Hatten die Ermittlungsrichter diese Protokolle gelesen? Sie sind dazu befragt worden und konnten sich beim besten Willen nicht erinnern, bis auf einen, der diese Protokolle nie gesehen haben wollte.

Gut, auch Ermittlungsrichter sind nur fehlbare Menschen mit kurzem Gedächtnis, aber in diesem Falle macht ihr kurzes Gedächtnis einen sehr merkwürdigen Eindruck. Nämlich: nicht allzulange nach der spektakulären »Massenverhaftung« hat der treffliche und ums Recht verdiente bayerische Justizminister Hillermeier, um die heftige Kritik am Vorgehen der Nürnberger zu dämpfen, wörtlich erklärt: »Im übrigen haben die Ermittlungsrichter in jedem einzelnen Fall auf der Grundlage des von der Polizei vorgelegten Ermittlungsmaterials, das auch die Staatsanwaltschaft geprüft hatte, dringenden Tatverdacht und Vorliegen von Haftgründen bejaht.« Das haben wir alle gelesen. Und die Ermittlungsrichter ausgerechnet hätten es nicht lesen sollen? Sie hätten sich so frisch nach ihrer Tat auch schon nicht mehr erinnern können, ob sie nun oder ob sie nicht? Wo es doch gerade darauf entscheidend ankam? Auf jeden Fall, so wie es der Justizminister dargestellt hat, kann es nicht gewesen sein, ganz einfach, weil aus den Polizeiprotokollen – jedenfalls aus den bisher bekanntgewordenen – gerade nicht hervorgeht, was die Ermittlungsrichter dringend benötigt hätten.

Wie falsch oder wie richtig Hillermeiers Behauptung immer gewesen sein mag, sie hat eine für die Nürnberger Justiz zunächst nützliche Folge gehabt, die jetzt leider das Bundesverfassungsgericht in ein dummes Licht rückt. Einer der Verhafteten hatte Verfassungsbeschwerde eingereicht, weil aus der Tatsache der hektographierten Haftbefehle hervorgehe, daß die geforderte Einzelfallprüfung unmöglich vorgenommen worden sein könne. Die Verfassungsrichter haben befunden, daß diese Beschwerde keine Aussicht auf Erfolg habe, denn die hektographierten Haftbefehle seien verfassungsrechtlich unbedenklich, ein bloßer Vorteil der Automation; es könne aus ihnen nicht abgeleitet werden, daß die Einzelfallprüfung unterblieben sei. Vielleicht nicht zwingend, aber nun kennt man ja die Wahrheit, und was werden die Karlsruher jetzt sagen? Daß es nicht ihre Sache sei, Fakten zu überprüfen? Ist es denn ihre Sache, diese Überprüfung dem Jüngsten Gericht zu überlassen?

Auf jeden Fall, es kam zur Verhandlung vor der 13. Großen Strafkammer. Die Anklage wurde vertreten durch den Staatsanwalt

Hubmann und den Oberstaatsanwalt Horn, die vermutlich in die deutsche Prozeßgeschichte eingehen werden, aus mancherlei Gründen und nicht zu ihrem Wohlgefallen. Denkt man nur an den geringen Schaden, hätte es auch ein anderer Prozeß vor einem anderen Gericht werden können. Daß er das nicht wurde, hat wohl doch mit dem Exempel zu tun, das die Nürnberger (oder die Bayern?) statuieren wollten. Sachbeschädigung, was wäre das schon gewesen? Mit schwerem Landfriedensbruch kann man mehr anfangen. Für dieses Delikt brauchte man dummerweise sowohl Absicht als auch Verabredung zu einer gewalttätigen Demonstration. Man mußte sie beweisen können, als Staatsanwalt. Mit den unmittelbar nach der Demonstration gemachten Polizeiaussagen ließen sie sich nicht beweisen, aber was wäre das für eine unentschlossene Strafverfolgungsbehörde, die nicht bekäme, was sie brauchte. Man mußte nur die Polizisten ein zweites und ein drittes Mal verhören, und schon war man bei dem, was man gern als Wahrheit wahrgehabt hätte – mit dem einen kleinen Makel, daß es den ursprünglichen Aussagen so sehr widersprach, daß beide zugleich dem Gericht nicht gut hätten vorgelegt werden können. Und wie spielt der Zufall? Bei den Akten waren nur die späten, die Anklage auf schweren Landfriedensbruch stützenden. Ja, der Zufall.

Den Verteidigern war bald der Verdacht gekommen, daß da noch etwas im Busche sein müßte. Sie bohrten und bohrten, die Staatsanwälte leugneten und leugneten: »Etwas anderes, als was Bestandteil der Akten ist, hat die Staatsanwaltschaft nicht.« Diesen Satz ließ die Verteidigung protokollieren, und die Staatsanwälte merkten immer noch nichts. Aber der Vorsitzende Richter merkte etwas und verlangte für den nächsten Sitzungstag eine schriftliche Erklärung der Staatsanwaltschaft, daß sie nur über die von ihr vorgelegten Akten verfüge. Da kamen von irgendwoher erst zehn und dann noch weitere zwei Protokolle, aber immer noch nicht andere 55 Protokolle entlastenden Charakters, die allerdings nicht die Angeklagten betreffen sollen. Ergebnis: das Gericht spielte nicht mehr mit, es setzte den Prozeß aus, weil Verteidigung und Gericht nicht in der Lage seien, während der Hauptverhandlung die Bedeutung der nachgereichten Aussagen im Hinblick auf den Schuldvorwurf zu würdigen.

Lange genug hatte das Gericht mitgespielt. Nicht damit nur, daß es das Verfahren überhaupt eröffnet hatte, sondern auch damit, daß es einen zu kleinen Gerichtssaal ausgewählt hatte, in dem Öffentlichkeit nach Maßgabe des vorhandenen Interesses nur ungenügend hergestellt werden konnte, auch damit, daß es ein Polizeiaufgebot verteidigte, das diesen Prozeß in die Nähe von Terroristenprozessen rücken mußte, auch damit, daß der Vorsitzende Richter in der Kneipe unvorsichtige Äußerungen getan hatte, die ihm, wie üblich, nicht als Befangenheit ausgelegt wurden. Ein Schöffe, oder ein Zeuge, oder ein Gutachter, die wären im gleichen Falle wohl befangen gewesen, aber ein deutscher Richter?

Nun ist die Nürnberger Justiz in Unordnung. Die Verteidiger haben der Staatsanwaltschaft Verwahrungsbruch und Aktenunterdrückung vorgeworfen (Oberstaatsanwalt Horn: »Das wäre das Schlimmste«); die Staatsanwaltschaft in Ansbach geht der Sache nach. Die Anklage ist »nunmehro« in die Hände der Regensburger Staatsanwaltschaft gelegt, aber die Verteidigung gibt sich sicher, daß das Verfahren »faktisch erledigt« sei. Da kennt sie wohl das Straf- und Rachebedürfnis der »objektivsten Behörde der Welt« nicht gut.

Es ist aber nicht nur die Nürnberger Justiz in Unordnung, sondern das Vertrauen der Öffentlichkeit in die Justiz überhaupt, die leider die Dritte Gewalt genannt wird, ist in Mitleidenschaft gezogen. Alle haben gewußt, wie genau dieser Prozeß beobachtet werden würde, und doch gibt es kaum einen möglichen Fehler – bis hin zu Dingen, die man Fehler nicht mehr nennen darf –, der nicht gemacht worden wäre. Als der Prozeß noch längst nicht begonnen war, hat der Generalstaatsanwalt Pfeiffer alle Welt beschworen: »Haben Sie Vertrauen in die Strafverfolgungsbehörden!«, und der Justizminister Hillermeier hat behauptet, von einem »Skandal« könne keine Rede sein.

Ergebnis: Es ist schlimmer als ein Skandal, und von Vertrauen kann keine Rede mehr sein. Es sind solcherart Herren, die sich Parteien-, Staats- und Justizverdrossenheit nicht erklären können und doch alles dazu tun, daß es sie gibt.

Diesmal ist ein Stück Wahrheit zum Vorschein gekommen, Wahrheit darüber, wie hierzulande angeklagt und Recht gesprochen wird. Es ist zum Vorschein gekommen, weil dieser Prozeß eine Öffentlichkeit hatte, die sich nicht beschwichtigen und nicht unterdrücken ließ. Andere Prozesse haben keine solche Öffentlichkeit. Was geht in ihnen vor? Jeder Beteiligte konnte wissen, daß der kleinste Fehler größte Folgen haben würde, aber welcher Beteiligte hat es deswegen an Fehlern mangeln lassen? In Stammheim war es nicht anders, und auch dort ist es an den Tag gekommen, nicht weil unsere Strafverfolgungsbehörden so tadelsfrei wären, sondern weil die Öffentlichkeit sich gekümmert hat. Was, um alles in der Welt, mag bei uns dort geschehen, wo es gar keine Öffentlichkeit gibt?

Januar 1982

Repräsentanten des Staats

Man kann den Staat nicht sehen und nicht hören, nicht riechen und nicht schmecken, und dennoch tut er gern so, als wäre er wenigstens am liebsten ein Staat zum Anfassen. Man kann ihn aber auch nicht anfassen, denn es ist nichts Sinnliches an ihm, er ist bloß da und anwesend, ob man ihn mag oder nicht. So wenig er selbst wahrnehmbar ist, so wahrnehmbar sind doch diejenigen, die er seine Repräsentanten nennt und die früher seine Diener hießen. Statt alle zu schützen, was vorgeblich seine Hauptaufgabe sein soll, schützt der Staat vor allem sich und seine Repräsentanten. Das beschäftigt ihn und gibt ihm das Gefühl, er sei zu etwas nutze.

Zu den merkwürdigen Eigenschaften des Staates gehört die, daß er keineswegs als notwendiges oder überflüssiges Übel angesehen, sondern respektiert werden will, als sei er eine Person wie ein absoluter Monarch. Er hat eine Hymne, die man nicht verächtlich machen darf, eine Fahne, die man nicht in den Schmutz ziehen darf, Hoheitszeichen, die man nicht mißbrauchen darf, und niemand kann erklären, warum er uns diese Fetische aufnötigt, die so überflüssig sind wie Ehrenkompanien, Musikzüge, Fahnenweihen, Vereidigungen; leere Hülsen, die aus der Steinzeit mitgeschleppt werden und mit uns selbst nicht das mindeste zu tun haben.

Sie geben, hört man, dem abstrakten Staate eine Art Glanz, machen ihn attraktiver, und das vermutlich mehr für ihn selbst als für uns. Aber, ob wir wollen oder nicht, er besteht darauf, daß wir seine kindischen Spiele mitspielen, aus vollem Herzen und aus voller Brust, und wenn wir das etwa nicht tun, bedient er sich seiner Diener, um uns gute Sitten beizubringen. Diese Diener, die sonst so normal wären wie wir alle, werden dafür bezahlt, daß sie nicht sind wie wir alle, und deswegen benehmen sie sich auch so, im Dienste jedenfalls. Sie sind nicht länger Müller oder Maier oder Herr Müller oder Herr Maier, sondern eben Repräsentanten und daher Verfüger von Macht oder Gewalt, und wehe uns, wenn wir sie nicht als solche würdigen. Sie haben ihre eigenen Regeln, auf die wir keinen Einfluß nehmen dürfen, und diese Regeln sind mit geringen Abweichungen oder Milderungen noch immer die von früher, als die Leute noch zugaben, daß es kleine und große Unterschiede gab, daß es oben und unten gab, sogar angeblich geben mußte, weil ja Ordnung sein sollte.

Gleich, ob die Leute oben waren oder nur die Obrigkeit repräsentierten, sie hatten einen Anspruch auf bevorzugte Behandlung. Man mußte seinen Diener vor diesen Dienern machen, einen Diener, von dem nie genau zu sagen war, ob er der Person oder dem Amte oder der von der Person vertretenen Sache galt. Vor einem halben Jahrhundert mußten die Studenten noch aufstehen, wenn »ihr« Professor den Arbeitsraum betrat, und natürlich mußten sie aufstehen, wenn er den Hörsaal betrat. Wem hat das gedient? Der Wissenschaft? Oder der hierarchischen Ordnung? Der Mann konnte ein Genie oder ein Dummkopf sein, aufstehen mußte man, und wenn alle miteinander brav Heil Hitler! gesagt hatten, durften sie sich wieder setzen.

Zu dieser Zeit mußte ein unglücklicher gemeiner Soldat jeden Vorgesetzten durch Handanlegen an die Kopfbedeckung grüßen, ob er ihn kannte oder nicht, ob er ein Lump war oder nicht, ob er ihn schikanierte oder nicht. Jetzt, heißt es, braucht der gemeine Soldat nur noch seine direkten Vorgesetzten zu grüßen, als wäre es nicht schon schlimm genug, daß sie ihm anderthalb Jahre seines Lebens verderben. Warum das so sein muß, hat auch noch keiner begründen können, aber es ist eben so, und damit hat sich's. Natürlich darf der gemeine Soldat dabei denken »leck mich doch am Arsch« – er darf es nur nicht sagen, er muß das Ritual befolgen, das ihn als armes Schwein ausweist. Ihm dürfte es egal sein, ob er den Hauptmann

> »Der Menschenstaat entsteht nur durch mehr oder weniger freiwillige
> Abdikation der Schrankenlosigkeit des Individuums und ist jederzeit
> bei den höheren Rassen ein kompliziertes Produkt.«
> JACOB BURCKHARDT, 1868

Sowieso oder den General Dingsda persönlich grüßt oder in dem
Gegrüßten der hehren Sache der Verteidigungsbereitschaft die Ehre
erweist.

In anderen Fällen bekommt man zum Glück die Erklärung mit-
geliefert, vor Gericht zum Beispiel. Da muß man auch aufstehen,
wenn das hohe Gericht den Verhandlungssaal betritt. Und man muß
aufstehen, wenn man als Angeklagter oder als Zeuge befragt wird.
Und zwar aufstehen angeblich nicht vor den Richtern, sondern vor
dem, was diese repräsentieren, dem Recht. Ja, wäre es die Gerechtigkeit, die da einhergeschritten käme, in Person, ihre schöne Binde vor
Augen, die sie nicht als blind, sondern als unbeeinflußbar erweisen
soll, dann ließe sich die Sache allenfalls verstehen. Aber warum sollte
einer sich erheben vor jemandem, der seiner Meinung nach das Recht
beugt, ein Vertreter nicht der Gerechtigkeit, sondern der Klassenjustiz
ist? Dessen Hände mit Blut befleckt sind? Das soll es ja alles gegeben
haben.

Und wenn er nicht aufsteht, aus welchen Gründen auch immer?
Dann kann er zum Beispiel wegen Ungebührs vor Gericht mit einer
»Ordnungsstrafe« von drei Tagen bestraft werden. Nicht eigentlich,
weil er unhöflich gewesen wäre, und auch nicht lediglich, weil er die
Würde des Gerichts mißachtet hätte, sondern weil er die Wahrheitsfindung beeinträchtigt hätte, was den Unbefangenen verwundern
würde, wenn er nicht erführe, daß Würde und Wahrheitsfindung
»nicht im Sinne eines unverbundenen Nebeneinanders zu verstehen« seien, sondern offensichtlich zwei Seiten derselben Sache sind.
»Das Aufstehen vor Gericht«, heißt es in einem einschlägigen Urteil,

»versinnbildlicht die Haltung gesteigerter Verantwortung und den Ernst« der Gerichtsverhandlung, und »indem das Aufstehen diese Verantwortungsbereitschaft und diesen Ernst symbolhaft für alle Beteiligten darstellt, trägt es zu deren Verwirklichung und damit zur Wahrheitsfindung selbst bei.«

Fragt sich nur, warum die Wahrheitsfindung ohne symbolhaft dargestellte Verantwortungsbereitschaft und ebenso dargestellten Ernst behindert wäre, und ob nicht in Wirklichkeit unter dem Deckmantel symbolischer Handlungen zunächst und vor allem Unterwerfung gefordert wird, eine Unterwerfung, die weniger dem immer zweifelhaften Recht als vielmehr der vielleicht auch zweifelhaften Person des Richters gilt, der der Repräsentanz bedarf, um die Wahrheit finden zu können.

Man könnte es ja auch einmal andersherum versuchen, so nämlich, daß der Richter sich vor dem erhöbe, in dessen Namen er Recht spricht, vor dem Volk also, und daß das Volk gelassen sitzenbliebe. Oder würde das wieder einmal die Wahrheitsfindung beeinträchtigen? Hat das Volk mehr Anlaß, dem Richter seinen Respekt zu erweisen, als der Richter hätte, dem Volk seinen Respekt zu erweisen? Ist es recht, daß der eine den Respekt des anderen erzwingen kann, der andere aber nicht den Respekt des einen? Und kann, was solcherart erzwungen wird, überhaupt Respekt sein?

Wie der Richter das Recht repräsentieren soll, so soll der Polizist den Staat repräsentieren, hört man jetzt aus Berlin. Dort kommt es dem Vernehmen nach ungefähr zweihundertmal im Jahre vor, daß Bürger es am nötigen Respekt vor Polizisten fehlen lassen. Natürlich wird das noch öfter vorkommen, aber gerichtsnotorisch wird ein solches Verhalten nicht in jedem Falle. Man muß sich das so vorstellen, daß einer den anderen eine dumme Sau oder ein Arschloch oder einen Penner nennt. Das ist ungehörig. Lassen wir alle die Fälle außer acht, in denen der Betroffene die Sache auf sich beruhen läßt, und beschränken uns auf diejenigen, in denen Anzeige erstattet wird. Was passiert dann? Erste Möglichkeit: ein Bürger beschwert sich über polizeiliche Ungehörigkeit. Der Polizist wird alles leugnen, seine »Kameraden« werden ihn unterstützen. Ergebnis gleich Null. Zweite Möglichkeit: ein Polizist beschwert sich über bürgerliche Ungebühr. Man wird ihm glauben, seine »Kameraden« werden seine Aussage unterstützen. Ergebnis: der Bürger wird bestraft. In Berlin wird er aber nicht nur bestraft, sondern auf Betreiben des Polizeipräsidenten wird das Urteil öffentlich gemacht, der Bestrafte an den Pranger gestellt. Der Polizeipräsident kann sich dabei auf einen Paragraphen des Strafgesetzbuches berufen und den braven Mann spielen, der nichts weiter tut, als seiner Fürsorgepflicht nachzukommen. Dabei handelt er als Vorgesetzter und unterläßt dieses Handeln nur, falls der betroffene Polizist mit der Veröffentlichung nicht einverstanden sein sollte. Und er müsse handeln, sagt er, weil ein Polizist ein »Repräsentant des Staates« sei und weil der Verfall der sprachlichen Umgangsformen nur eine Vorstufe der Gewalt sei, »deren Eskalation wir in der Vergangenheit erlebt haben«.

Vielleicht hat der Berliner Polizeipräsident nie einer Bundestagssitzung beigewohnt und vielleicht hat er vergessen, daß die Gewalt, die da in der Vergangenheit eskalierte, auch die Gewalt von Polizeibeamten war. Sie haben den vergangenen Staat repräsentiert, wie sie den jetzigen repräsentieren. Sie hätten Grund, ihr Repräsentationsbedürfnis nicht zu übertreiben, sondern sich damit abzufinden, daß die Bürger so reden wie die Polizisten und die Polizisten so wie die Bürger. Ob die Polizei den Staat oder die Gewalt repräsentiert, ist dabei vollkommen gleichgültig. Notfalls kann ein einzelner Polizist Respekt verdienen. Aber ein Polizist als Ganzes? Auch diejenigen, die im Gerichtssaal lügen, daß sich die Balken biegen, die Mitglieder organisierter Prügelkommandos, die Polizisten, die mal einen »Bruch« machen, die sich bestechen lassen, die andere erpressen, die so kriminell sind wie diejenigen, die sie verfolgen? Oder gibt es die nicht? Und wenn es sie gibt, repräsentieren die dann auch den Staat? Schützen sie ihn? Schützen sie uns? Brauchen sie einen extensiveren Rechtsschutz als alle anderen? In einem Staat, der kein Polizeistaat wäre?

Oktober 1984

Wie es euch gefällt

Wie die Anzahl der Richtersitze im 1. Senat des Bundes-
verfassungsgerichts eine Beurteilung der Verfassungsgemäß-
heit der Urteile gegen Sitzblockierer blockierte.

Auch wenn man sich keine Illusionen darüber macht, wer für wen
Recht setzt und wer gegen wen Recht spricht, und selbst wenn man
die verbürgte Gleichheit vor dem Recht für ein Ammenmärchen
hält: Rechtssicherheit ist und bleibt eine gute Sache. Man möchte
schließlich wissen, worauf man sich einläßt, wem oder was man sich
aussetzt. Im Stande der juristischen Unschuld leben allenfalls Partei-
vorsitzende und Spendenbeschaffer, nicht aber der gemeine Mann
und die gemeine Frau, die das Gesetz mit aller Härte trifft, ob sie es
nun kennen oder nicht. Und wie soll man es eigentlich kennen, für
den Fall der Fälle?

Gut und schön, das Gröbste weiß man vielleicht, aber das hilft
einem nichts, wenn es um das Feinste geht. Schon gar dann, wenn es
so fein wird, daß das Bundesverfassungsgericht ins Spiel kommt. Dort
wird, wie man weiß, nicht verurteilt, sondern nur dargelegt, ob bestehende Gesetze und ihre Auslegung durch die Richter sich auf das
Grundgesetz reimen oder nicht. Wenn die Herren in den roten Roben
ihr Machtwort gesprochen haben, ist die Sache erledigt, für lange
Zeit. Vorausgesetzt, die Herren einigen sich und kommen zu einer
Mehrheitsentscheidung. In der Regel tun sie das.

Daß sie alle einer Meinung wären, dürfte sehr selten sein; daß sie
es meistens nicht sind, ist ein Hinweis auf die Unsicherheit des Rechtes und darauf, daß man dieselbe Sache so oder so sehen kann, je

nach ... Ja, nach was, zum Teufel? Nach Herkunft? Nach Sozialisation? Nach politischem Vorurteil? Da das Recht ein Herrschaftsinstrument ist, hängt seine Auslegung von der Vorstellung ab, die der einzelne von der ihm wünschenswert erscheinenden Form von Herrschaft hat, von seiner Vorstellung von Gewalt, von Freiheit, von der Funktion des Staates, von dem, was er sich unter Demokratie vorstellt. Da sind die Karlsruher Richter nicht anders als alle anderen auch. Sie haben nur mehr Macht. Natürlich haben Sie auch hervorragende Hilfsarbeiter, die ihnen das Material aufbereiten, ihnen Fingerzeige geben. Aber am Ende müssen sie sich entscheiden, für oder gegen die klagende Partei. Unterliegt sie, hat sie bisweilen das Vergnügen, die von ihr vertretene Position in einem Minderheitsgutachten vertreten zu finden. Es hilft ihr nur nichts, denn mögen die Minderheitsgutachten auch fast allemal überzeugender sein als der Mehrheitstenor – die Mehrheit setzt das Recht, und es ist ein schwacher Trost, daß ein oder zwei blitzgescheite Leute gegen ihre Kollegen recht haben könnten. Recht wird daraus nicht.

Was aber wird aus dem Recht, wenn es keine Mehrheit und keine Minderheit gibt, sondern zwei gleich starke Gruppen? Formal ist alles ganz einfach. In einem solchen Falle gilt die Klage als abgewiesen. Nur, was geschieht jenseits des Formalen? Die acht Richter sprechen ja nicht nur für sich selbst, ihre Rede spiegelt etwas wider, was die Gesamtgesellschaft betrifft: Sie findet in einer entscheidenden Frage keinen Konsens, hält zur Hälfte das eine für möglich und zur anderen Hälfte das andere, was kein Unglück wäre, wenn es um graduelle Abweichungen ginge und nicht um zwei einander ausschließende Positionen. Wie wird die Gesellschaft damit fertig werden, wie die Gerichte? Kann das Recht, das daraufhin gesprochen wird, noch von irgendjemandem als gerecht empfunden werden? Kann es in diesem Punkte danach überhaupt noch Rechtssicherheit geben?

Für die Richter aus Karlsruhe ist der Fall abgetan, eben formal; für alle anderen nicht. Die Kläger hatten wissen wollen, ob die gegen

»Der Richter befragt nicht das Gesetz oder einen Grundsatz, um eine Lösung zu finden, sondern er benutzt sie, um eine vorher gefundene Lösung zu legitimieren.«
uwe wesel, 1984

sie ergangenen Urteile Rechtens waren oder nicht. Vermutlich wollten sie auch wissen, ob sie künftig wieder verurteilt werden könnten. Sie wissen weder das eine noch das andere. Nicht anders geht es den Richtern in der Provinz, deren alte Urteile zwar nicht aufgehoben worden sind, die sich aber in Zukunft ein paar Gedanken mehr machen müßten – wenn sie sich überhaupt Gedanken machen. An was sollen sie sich halten? An die Meinung der vier konservativen Verfassungsrichter oder an die Meinung der vier weniger konservativen? Oder an die eigene?

Auch für sie ist es alles nicht schlimm; Richter lernen, mit ihren Urteilen zu leben. Schlimm ist es für die, über die geurteilt wird, in diesem Falle für die Teilnehmer an Sitzblockaden, denn um die ist es in Karlsruhe gegangen. Die behandelten Fälle waren alle vergleichbar, betrafen gewaltfreien Widerstand gegen die Raketenstationierung. Aber bei der Gewaltfreiheit fängt es schon an. Man müßte wissen, was Gewalt ist oder was für Gewalt ausgegeben werden kann. Die einen, die blockieren, haben gut sagen, sie wollten keine Gewalt anwenden und sie hätten keine Gewalt angewendet, sie hätten sich lediglich friedlich auf die Straße gesetzt und sich nach wenigen Minuten widerstandslos wegtragen lassen, wenn die anderen, die das Definitionsmonopol besitzen, dekretieren, es sei doch Gewalt gewesen.

Den gelassen analysierenden Verfassungsrichtern ist klar, daß da der Hund begraben liegt. Sie wissen, daß unter Gewalt, auch unter juristischer, zunächst nur körperliche Gewalt verstanden worden ist. Und körperliche Gewalt haben die Blockierer tatsächlich nicht angewandt. Ist dem leidenschaftlich strafenden Staat jedoch trotzdem an

Bestrafung gelegen, müssen sich seine Helfer etwas Neues einfallen lassen, den Gewaltbegriff neu definieren. Geht es nicht mit dem körperlichen Kraftaufwand des Täters und auch nicht mit der Einwirkung auf den Körper des »Opfers«, dann geht es am Ende mit einer »die Freiheit der Willensentschließung oder Willensbetätigung beeinträchtigenden Zwangswirkung«. Mit anderen Worten: Die Blockierer haben die Lastwagenfahrer zwar weder bedroht noch geschlagen, ihnen aber für kurze Zeit unmöglich gemacht, ihre Fahrt fortzusetzen, und dadurch einen »unwiderstehlichen Zwang« ausgeübt.

An die Stelle physischer Gewalt tritt auf diese Weise die psychische, ohne daß bei anderen, brutaleren Straftaten die Ausübung von psychischer Gewalt verfolgt oder bestraft würde. Bei Vergewaltigungen zum Beispiel, die ja nur die Frauen, nicht aber den Staat in seinen Grundfesten erschüttern. Die Juristen haben für ihre Abweichung des Gewaltbegriffes das wunderbare Wort »Vergeistigung« gefunden, aber natürlich könnten sie auch von Entmaterialisierung reden. Was sie damit erreicht haben, ist die Möglichkeit, Straftatbestände dort aufzufinden, wo es sie nicht geben dürfte, um sie dort übersehen zu können, wo es sie gibt.

Wenn es schon schwer ist, einzusehen, warum Lastkraftwagenfahrer, die aus eigensüchtigen Motiven stunden- oder tagelang den Brenner blockieren und damit selbstverständlich einen nachhaltigeren »unwiderstehlichen Zwang« auf andere Reisende ausüben, nicht nur nicht vor Gericht kommen, sondern vom bayerischen Ministerpräsidenten obendrein gehätschelt werden, so ist es noch schwerer einzusehen, warum das kurzfristige Blockieren eines Zufahrtsweges nicht als Verstoß gegen die Straßenverkehrsordnung bestraft wird – wenn schon bestraft werden muß –, sondern nach dem Paragraphen 240 des Strafgesetzbuches, der von der Nötigung handelt. Dort heißt es: »Wer einen anderen rechtswidrig mit Gewalt oder Drohung mit einem empfindlichen Übel zu einer Handlung, Duldung oder Unterlassung nötigt ...« und weiter: »Rechtswidrig ist die Tat, wenn die

Anwendung der Gewalt oder die Androhung des Übels zu dem angestrebten Zweck als verwerflich anzusehen ist.«

Einmal davon abgesehen, daß vier der acht Verfassungsrichter diesen Paragraphen für unanwendbar auf die Demonstranten von Mutlangen, Großengstingen und Neu-Ulm halten – konnten die Demonstranten in ihren heftigsten Angst-Phantasien damit rechnen, mit seiner Hilfe verurteilt zu werden? Konnten sie, die die Gewaltfreiheit auf ihr Panier geschrieben hatten, auf den Gedanken kommen, sie wendeten Gewalt an, sie drohten irgend jemandem mit einem empfindlichen Übel, und was sie täten, sei als verwerflich anzusehen? Wohl nicht. Aber ihr subjektives Empfinden hat keine Chance gegen das als objektiv empfundene Recht. Nicht hilft ihnen, daß sie und ihre Anwälte ihren Protest gegen die Raketenstationierung als eine sittliche Tat, die Stationierung dagegen als verwerflich betrachteten, so wenig wie ihnen geholfen hat, daß schon einmal ein Richter erwähnt hat, ihr Ziel sei »achtenswert und für sich gesehen nicht verwerflich«, denn das eben noch für sich gesehene Achtenswerte und Nicht-Verwerfliche entpuppte sich schnell als verwerflich, wenn man es im Zusammenhang mit den behinderten Verkehrsteilnehmern sah.

Gesetze, und schienen sie noch so eindeutig, unterliegen der Auslegung, und die macht nahezu alles möglich, was angestrebt wird. Wie zu Gewalt wird, was keine Gewalt ist, so wird verwerflich, was verwerflich nicht sein kann. Es liegt an den Wörtern, die alles mit sich machen lassen. Verglichen mit der Verwerflichkeit ist die Gewalt ein Begriff von kartesianischer Klarheit. Es hat ihr nichts genützt. Während man erst jetzt nicht mehr recht wissen kann, was Gewalt ist, hat man kaum je wissen können, was verwerflich ist. Da kommen moralische Verabredungen ins Spiel, mit denen in offenen Gesellschaften nicht viel anzufangen ist. Ja, ginge es darum, daß einer seine leibliche Großmutter verspeist hat, dann könnte man sich auf die Verwerflichkeit dieser Tat einigen, aber daß es verwerflich sein solle, sich vor einer Kaserneneinfahrt auf die Straße zu setzen, das wird

einer auch nicht durch Geld- oder Haftstrafen lernen. Auch die Karlsruher Richter scheinen mit diesem Worte nicht viel anfangen zu können, denn warum sonst retteten sie sich in den Leersatz: »Wie immer
der Begriff der Verwerflichkeit zu verstehen sein mag«?

Auch sie können ihn nicht definieren, aber sie haben sich wenigstens alle acht darauf geeinigt, daß ein Urteil, das die Verwerflichkeit
nur summarisch behauptet, ohne sie zu begründen, den Ansprüchen
des Gesetzgebers nicht genügt. Gibt es auch nur einen, der zweifelte,
daß in Zukunft ein zur Verurteilung entschlossener Richter es an
einer solchen Begründung nicht mehr wird fehlen lassen? Für die
Demonstranten ist nichts gewonnen, für die Richter alles. Die Verwerflichkeit macht's möglich.

Januar 1987

Bayerische Spielregeln

Der Saubazi als Nachfolger vom Saupreiß: Wie der letzte deutsche Obrigkeitsstaat eine Buchhändlerin in die Mangel nimmt.

Preußen ging der Ruf nach, ein Obrigkeitsstaat zu sein, aber Preußen ist von der Landkarte verschwunden und wird auch nicht wieder auferstehen. Es geht auch ohne Preußen, und am besten ginge es ohne Obrigkeitsstaat. Wollen tut ihn nur die Obrigkeit selbst, aber doch wohl nicht die, die ihr untertan sein sollen. Denen hilft das nichts, es hilft ihnen auch nichts, daß es Preußen nicht mehr gibt, denn längst ist ein Ersatz gefunden – und zwar ausgerechnet dort, wo man die Preußen so ganz und gar nicht schätzte. Die Bayern haben ihre Nachfolge angetreten, ihre Liberalität, sofern sie sie besaßen, auf den Kehrrichthaufen geschmissen und zeigen nun den schlaffen Nord- und Westlichtern, wie man für Ruhe und Ordnung im Lande sorgt.

Zwar ziehen die Leute noch immer gern nach Bayern und besonders gern nach München, seines »Freizeitwertes« wegen, aber es ist nicht ganz sicher, daß sie auch wissen, worauf sie sich einlassen, es sei denn, sie sind bereit zu gehorchen. Längst geht es dort so zu wie andernorts zu Kants Zeiten: »Der Offizier sagt: Räsonniert nicht, sondern exerziert! Der Finanzminister: Räsonniert nicht, sondern bezahlt! Der Geistliche: Räsonniert nicht, sondern glaubt! (Nur ein einziger Herr in der Welt sagt: Räsonniert, soviel ihr wollt und worüber ihr wollt, aber gehorcht!)«

Dieser ominöse Herr war übrigens ein Preuße. Seine bayerischen Nachfolger folgen ihm leider nicht, sie mögen keinen mehr räsonnieren lassen, sie wollen nur noch, daß gehorcht werde. Auch der Kultusminister, auch der Justizminister, vom Ministerpräsidenten ganz zu schweigen. Sie bestimmen, sie ordnen an, sie befehlen, natürlich im Namen des Volkes und im Namen des Rechtes sowieso. Was das Recht sei und wie man ihm zu folgen habe, wissen sie besser als alle anderen; am besten wissen sie aber, wie man durchsetzt, was sie für Recht halten.

Was außerhalb Bayerns aber noch so hingehen mag, darf dort nicht sein. Wer blockiert, wird abgeurteilt, im Schnellverfahren nach Schema. Wer ein Anhörungsverfahren durchsetzen will, wird nicht angehört. Wer abtreibt, wird an den Pranger gestellt und vors Gericht gezerrt. Es muß ja nicht den Rechtsweg einhalten, wer so gut weiß, was das Recht ist, schon gar nicht wenn er ein Faible für das Recht des Stärkeren hat, und noch viel weniger, wenn er dafür sorgen kann, daß die Rechtsprechung auf der Seite des Stärkeren steht. Optimisten haben früher einmal gesagt: Es gibt noch Richter in Berlin. So optimistisch, daß einer heute sagte, es gibt noch Richter in Bayern, ist keiner. Gut, Richter gibt es auch in Bayern, aber sie erwecken nicht den Eindruck, daß das Recht gut bei ihnen aufgehoben sei. Man muß ja nicht immer an den Richter denken, der einen Angeklagten »wegen Unterzuckerung« von dem Odium des Meineids befreite, oder an den Richter Offenloch, der mit dem Rechtsgefühl einer Maschine urteilt, man könnte ja auch einmal an die Richter vom Bayerischen Obersten Landesgericht denken, die kürzlich eine Buchhändlerin verurteilt haben, und zwar zu 150 Tagessätzen zu je 25 DM, zuzüglich Prozeßkosten.

Diese Buchhändlerin besaß einen Laden namens »Trampelpfad« und dort erschien eines Tages eine Zivilpolizistin und erstand zwei Exemplare der Zeitschrift »Freiraum – Bayerischer Frühling 1987«. Die Obrigkeit muß sie geschickt haben, um wieder einmal den »deutschen Herbst« zu demonstrieren, denn die brave Polizeifrau, die schließlich auch gehorchen muß, wollte die Zeitschrift ja nicht für sich selbst, um endlich einmal zu erfahren, was sich in ihrem schönen

Bayernland tut, sondern sie sollte sie beim Staatsanwalt abliefern, der dann auch nicht zögerte, Anklage zu erheben, wegen Verstoßes gegen den Paragraphen 129 a des Strafgesetzbuches, der in seinem 3. Absatz das Werben für eine terroristische Vereinigung mit Strafe bedroht.

Was stand so Schlimmes in dieser Zeitschrift, die übrigens in einer Miniauflage erscheint und nur von ein paar Eingeweihten gekauft wird? Ein Bekennerbrief der Revolutionären Zellen zu einem Berliner Sprengstoffanschlag nebst einer redaktionellen Erklärung, aus der hervorging, daß der Bekennerbrief lediglich als Dokumentation abgedruckt werde, besser noch: nachgedruckt werde, denn er war vorher schon an anderer, ebenfalls obskurer Stelle erschienen. Die Redakteure schienen zu wissen, worauf sie sich einließen, sie sagten, daß sie mit einem Verfahren wegen 130 a rechneten. Viel mehr war nicht.

Irgend jemand mußte das dem Staatsanwalt gesteckt haben, und weil er die Redakteure nicht kriegen konnte, wollte er wenigstens die Buchhändlerin kriegen. Wie? Durch die Behauptung, sie habe sich durch den Verkauf die Ziele der Revolutionären Zellen zu eigen gemacht: »Jede Verbreitung ist eine Unterstützungshandlung«. Eine wunderbare Logik. Auf diese Weise unterstützt ein Buchhändler hintereinander erst Terroristen, ein paar Minuten später Pazifisten, dann Militaristen, dann Klerikale, dann Atheisten, dann Utopisten, dann Aufklärer, dann Mystiker, dann Radikale, dann Reaktionäre, die Schwarzen, die Grünen, die Gelben, die Roten, einfach alle, außer vielleicht den Faschisten. Kein anderer schaffte das, nur ein Buchhändler ist dazu imstande. Er ist ja kein Händler, sondern ein Idealist, der sich mit seiner Ware identifiziert, mit jedem einzelnen Titel, seien das nun 10.000, 20.000 oder 50.000.

Das Dumme an der Sache war nur, daß die anzuklagende Buchhändlerin an dem Tage, an dem die Zivilpolizistin erschien, gar nicht im Laden war, der § 129 a also gar nicht gegen sie verwendet werden konnte. Ein Staatsanwalt, und schon gar einer in Bayern, weiß sich da zu helfen. Es gibt außer dem Strafgesetzbuch ja auch noch das Bayerische Pressegesetz mit wieder eigenen Paragraphen, unter denen sich einer fand, den es so nur in Bayern gibt und der eine Verurteilung wegen fahrlässigen Mitwirkens am Erscheinen einer Druckschrift ermöglicht. Damit kam der Staatsanwalt durch, das Gericht folgte ihm. Es mußte nur noch beweisen, daß die Buchhändlerin fahrlässig gehandelt hatte.

Sie hatte. Zunächst war sie ohnehin verdächtig, weil zu ihren Beständen »Bücher zum Durchblicken« gehörten: »Dritte Welt, Utopien, Ökologie, Anarchie, Frauenbewegung und vieles andere mehr«. Da saß sie in den Nesseln, denn mit dem Stichwort Anarchie zu werben, empfand das Gericht als Provokation. Bayerische Urängste aus den kurzen Tagen der Räterepublik. Wenn die Buchhändlerin schon so schamlos war, anarchistische Literatur zu führen, mußte sie deren Inhalte besonders sorgfältig prüfen, und das hatte sie ganz offensichtlich nicht getan. Im übrigen war sie sowieso »gehalten, ihren gesamten Warenbestand entsprechend den gesetzlichen Bestimmungen zu überprüfen«.

Die Richter des Obersten Landesgerichtes haben wirklich vom »gesamten Warenbestand« gesprochen. Sie müssen große Leser sein, weder Zeit auf Essen und Trinken noch Zeit auf Ruhen und Schlafen verwenden. Oder sie lesen nur ihre Akten und haben die Erinnerung daran verloren, wie viele Bücher jemand neben seiner Arbeit lesen kann. Oder das alles hat sie gar nicht gekümmert und sie wollten bloß ein Urteil sprechen, verurteilen. Es wird ihr Geheimnis bleiben.

Auf jeden Fall hatten sie eine gefunden, die sich nicht wehren kann, weil sie kein Geld hat für den Instanzengang.

Hätte sie Geld, wäre sie wohl nicht ohne jede Chance. Mögen die Bayern auch stolz auf ihr absurdes Pressegesetz sein, mag das Bayerische Oberste Landesgericht seine Urteile auf es gründen, so ist die Bundesrepublik doch noch nicht so verbayert, daß sie die Garantien des Grundgesetzes nicht mehr respektieren müßte. Eine davon sichert jedem und jeder das Recht, seine und ihre Meinung in Wort, Schrift und Bild frei zu äußern und zu verbreiten, möge das den Bayern nun passen oder nicht. Denen paßt vielleicht auch nicht, daß eine Zensur nicht stattfinden darf, und da sie Ärger bekämen, wenn sie eine erkennbare Zensurbehörde schüfen, wäre es ihnen ganz angenehm, wenn sie unterderhand die Buchhändler zu Zensoren machen könnten. Noch ein paar solche Urteile, und die Buchhändler werden sich hüten, Titel zu führen, die auch nur dem geringsten Verdacht durch die bayerischen Gesetzeshüter ausgesetzt sein könnten. Gedruckt werden können sie dann immer noch, Hauptsache, sie werden nicht mehr verkauft, denn wenn sie nicht verkauft werden, gibt es sie auch nicht mehr.

Es ist doch schön, wenn wir überall in der Welt verkünden können, daß wir keine Zensur haben, gleichzeitig aber einer heimlichen Zensur immer eine Tür nach der anderen öffnen. Wir haben ja nicht nur die Prüfstelle für jugendgefährdende Schriften, wir haben auch, was obszöner ist, eine freiwillige Selbstkontrolle und dies und das, was das Grundgesetz ziemlich löcherig erscheinen läßt. Die Bayern scheinen sich wohl dabei zu fühlen, das Bundesverfassungsgericht weniger. Das hatte zu Beginn des Jahres über die Beschwerde eines Zeitschriftengrossisten zu befinden, der verurteilt worden war, weil er eine Homosexuellen-Zeitschrift mit angeblich jugendgefährdenden Inseraten vertrieben hatte. In seinem Beschluß steht manches, was den bayerischen Richtern zu denken geben sollte. Der Schutz des Grundgesetzes, haben die Karlsruher gesagt, reiche von der Beschaffung der Information bis zur Verbreitung der Nachricht und Meinung und gelte auch dem Vertreiber, der seine Ware ohne Rücksicht auf ihren Inhalt verteile, es sei denn – und das ist der Pferdefuß –, andere Strafvorschriften kämen zur Geltung. Sie sind auch auf die Prüfungspflicht eingegangen und haben zugegeben, daß die Unerfüllbarkeit einer Norm – also die Überprüfung jedes einzelnen Druckerzeugnisses durch den Zwischenhändler deren Eignung in Frage stelle, und haben sich auf die Zumutbarkeit der Prüfungsregelung zurückgezogen. Dann aber haben sie gesagt, es dürfe keine detaillierte Kontrolle der Publikationen verlangt werden.

Damit könnte der Buchhandel leben. Wenn die Gerichte so oder so eine Zensur wollen, sollen sie selbst als Zensurorgan auftreten. Sie können, so mißlich das auch ist, feststellen, daß ein Buch oder eine Zeitschrift gegen diesen oder jenen Paragraphen verstößt, und dafür sorgen, daß dieses Buch oder diese Zeitschrift aus dem Verkehr gezogen wird. Was sie nicht können sollten, ist die Delegierung ihrer Aufgaben an Dritte. Solange eine Druckschrift nicht vom Gericht zensiert, also verboten ist, muß sie vertrieben werden können, ohne daß dem Vertreiber ein Schaden entstehen kann. Nur das wäre Rechtssicherheit.

Oktober 1988

Wer ist das Volk?

Die neue Verfassung entsteht wie einst das Grundgesetz:
im Namen und unter Ausschluß des Volkes.

Die vielen Väter und die wenigen Mütter des Grundgesetzes hatten
ihre Schwierigkeiten, sich mit der Verkleinerung und Teilung des
kurzlebigen deutschen Nationalstaates abzufinden. Sie waren im Kai-
serreich aufgewachsen, und viele von ihnen hatten mehr unter den
Folgen des Versailler Vertrages gelitten als unter Hitlers Großreich.
Für sie hatte Bismarck endlich Deutschland geeint und damit etwas
wirtschaftlich wie machtpolitisch Notwendiges getan, und daß seine
drei Kriege sich nicht bloß gegen angebliche äußere Feinde richteten,
sondern Hegemonialkriege innerhalb Deutschlands waren, dürfte
die wenigsten von ihnen bekümmert haben.

Gewiß konnten sie den Gebrauch, den Deutschland von seiner Ei-
nigkeit gemacht hatte, nicht gutheißen, aber daß Deutschland *up
ewig deelt* werden sollte, überstieg ihre Vorstellungskraft. Man hatte
Schuld auf sich geladen, eine ungeheure und den wenigsten bewußte
Schuld, aber die Strafe sollte sich doch lieber in Grenzen halten, am
liebsten in den Grenzen von 1937, woraus allerdings nichts wurde.
Sie waren bereit, dieses und jenes zu schlucken, höchst ungern den
Verlust der Gebiete jenseits der Oder-Neiße-Linie, kaum den dauer-
haften Verlust des Saargebietes, aber unter gar keinen Umständen
die Abtrennung dessen, was vier Jahrzehnte lang die DDR war. So
schlecht, meinten sie, konnten es die Siegermächte, konnte es das
Schicksal nicht mit den Deutschen meinen.

Auf Drängen der drei westlichen Besatzungsmächte verfaßten sie

»Überall, wo der Bürger hinkommt, sind die Parteien schon da.«
ʜeribert ᴘrantl, 1993

das Grundgesetz, das sie, weil es ihnen vorläufig schien, nicht Verfassung nennen mochten. Daß dieses Grundgesetz demokratisch und daß die Bundesrepublik föderativ geordnet sein sollte, hatten ihnen die Militärgouverneure vorgeschrieben, und mindestens die SPD fand an der zweiten Bedingung keinen rechten Gefallen, beugte sich aber dem Willen der Macht. Obgleich die Arbeit des Parlamentarischen Rates von der CDU, dem Zentrum, der Deutschen Partei und der KPD – das heißt von deren Vertretern im Parlamentarischen Rat – abgelehnt und später vom Bayerischen Landtag nicht ratifiziert worden ist, war sie so ordentlich, daß sich bei vielen so etwas wie ein Verfassungspatriotismus entwickelt hat, von dem diejenigen, die ununterbrochen an diesem Grundgesetz herumgefummelt haben, um »verfassungswidrige Verfassungstatsachen« zu schaffen, nicht sonderlich entzückt sind.

Bei den damals noch herrschenden wirren Verhältnissen hat es keine große Rolle gespielt, daß die Verfassungsschöpfer nicht frei gewählt, sondern von den Parteien oktroyiert waren, und daß das Objekt der Verfassung, das Volk, nie um seine Meinung gefragt worden ist, ob es auch wolle, was in seinem Namen von sehr wenigen beschlossen worden war. Das Volk war noch daran gewöhnt, bevormundet zu werden. Ein Trost allerdings blieb ihm, als Versprechen auf eine ferne Zukunft.

In der Präambel wurde ihm bedeutet, daß das Grundgesetz nur für eine Übergangszeit Geltung haben solle, bis zu dem Tage eben, an dem »das gesamte deutsche Volk in freier Selbstbestimmung die Einheit und Freiheit Deutschlands« vollenden werde. Und dann gab es ganz am Schluß noch den Artikel 146: »Dieses Grundgesetz verliert seine Gültigkeit an dem Tage, an dem eine Verfassung in Kraft tritt, die von dem deutschen Volk in freier Entscheidung beschlossen worden ist.« Da durfte das Volk wohl zufrieden sein, denn dieser Tag mußte ja kommen, so sicher wie der Jüngste Tag. Das Volk nämlich dachte auch nicht anders als die Mitglieder des Parlamentarischen Rates.

Freilich war man vorsichtig und wollte sich nicht allzu sehr festlegen, weswegen einerseits nicht klipp und klar gesagt wurde, daß nach der Herstellung von Einheit und Freiheit kein Weg an einer dann nicht mehr vorläufigen Verfassung vorbeiführen dürfe, und andererseits ein Artikel (23) formuliert wurde, der dem Schlußartikel scheinbar widersprach. In dem hieß es, daß in anderen (und keineswegs: in *den* anderen) Teilen Deutschlands das Grundgesetz nach deren Beitritt in Kraft zu setzen sei. Wenn das einen Sinn geben soll, muß der Parlamentarische Rat damit gerechnet haben, daß Teile Deutschlands beitreten könnten (das Saarland etwa); daß bei solchem Beitritt das Grundgesetz seine Gültigkeit nicht verliere; daß es zur Einheit in Freiheit kommen könne (durch Vereinigung mit der sowjetisch besetzten Zone) und daß in diesem Falle eine neue Verfassung beschlossen werden müsse. So mögen die, die wünschen, daß auch die DDR nur beigetreten sei, es allerdings nicht sehen.

Tatsächlich ist die DDR nicht lediglich beigetreten, sondern sie hat mit der Bundesrepublik – wenn auch in sehr schwacher Position – einen Vertrag ausgehandelt, den Vertrag zur deutschen Einheit.

In dessen 5. Artikel ist die Rede von künftigen Verfassungsänderungen, darunter von der Aufnahme von Staatszielbestimmungen und von der Anwendung des Artikels 146 GG. Insofern hat Günter Grass unrecht mit seiner These, der Artikel 146, der eine neue Verfassung zwingend vorgeschrieben habe, sei ersatzlos gestrichen worden. Aber genau darauf scheint alles hinauszulaufen, wenn man die Arbeit der Gemeinsamen Verfassungskommission ins Auge faßt.

Es beginnt damit, daß diese Kommission demokratisch nicht legitimiert, sondern ein reines Parteieninstitut ist. Sie setzt sich aus 32 Mitgliedern des Bundesrates – davon 13 Ministerpräsidenten – und 32 Mitgliedern des Bundestages zusammen, also lediglich aus Berufspolitikern, nicht aus zu diesem Zweck frei gewählten Vertretern des Volkes, ganz als gälten die Regeln der repräsentativen Demokratie auch für diesen Fall. Und das tun sie nicht. Die Vertreter der Parteien handeln unter sich aus, was ihnen dienlich ist und was nicht. Von niemandem haben sie einen Verfassungsauftrag bekommen. Sie nehmen ihn sich und verhandeln die Sache des ganzen Volkes hinter verschlossenen Türen, fest entschlossen, sie auch diesmal dem Volke nicht zur Abstimmung zu überlassen. Es war festgesetzt, daß die Arbeit innerhalb von zwei Jahren erledigt sein sollte. Diese zwei Jahre sind fast vergangen, und niemand hat etwas Entscheidendes erfahren, außer daß der Vorsitzende Rupert Scholz, ein kalter und in seinem Verständnis korrekter Verfassungslehrer, kürzlich seine Arbeit niedergelegt hat, weil ein Fraktionsvorsitzender der CDU, der in dem Ausschuß überhaupt keine Stimme hat, seine Leute massiv zu beeinflussen versucht hat. Auch daran kann man sehen, wie sehr die Parteien sich im Besitze des Staates und des Staatsvolkes zu wissen meinen.

Scholz hat seine Arbeit wieder aufgenommen, wenigstens er. Andere sind überhaupt noch nie in der Kommission erschienen, denn erledigt wird das Geschäft von solchen, die dazu nicht einmal formal berufen sind und die sich, wie Scholz, nichts so sehr wünschen wie »Ruhe an der Verfassungsfront« (der Mann war einmal Verteidigungsminister). Ruhe herrscht auch im Volke. Niemand, nicht die Bürgerbewegungen, nicht die etablierten Parteien, nicht die Medien, wirklich niemand scheint sich für das zu interessieren, was in müden Abendstunden ausgehandelt wird.

»Niemand« ist vielleicht zuviel gesagt, denn wenigstens einer, dessen Stimme vernehmbar ist, interessiert sich: der Bundespräsident, der von Dingen redet, die den Parlamentariern kalte Schauer über den Rücken laufen lassen. Man weiß, daß er die Macht der Parteien begrenzen möchte, daß er die herrschende Parteienverdrossenheit für ein politisches Unglück hält. Also pocht er darauf, daß in die neue Verfassung plebiszitäre Elemente aufgenommen werden. Nicht ohne hinzuzufügen: »Wir dürfen uns nicht darauf beschränken, unreflektiert auf die negativen Erfahrungen aus der Weimarer Zeit zu verweisen.« Das sagen alle: daß die Erfahrungen der Weimarer Zeit auch was deren plebiszitäre Möglichkeiten angehe, negativ seien. Nur stimmt es nicht. Einer plappert es dem anderen nach, keiner weiß Bescheid.

Die Weimarer Verfassung sah die Möglichkeit von Volksbegehren und, als zweite Stufe, Volksentscheiden vor. Gebrauch davon ist gemacht worden bei der Fürstenabfindung, beim Young-Plan und bei der Panzerkreuzer-Affäre. Ergebnis: die Fürsten sind abgefunden worden, der Young-Plan ist angenommen worden, der Panzerkreuzer ist gebaut worden, wobei die Regierungsmitglieder der SPD als solche dagegen und als Parlamentsmitglieder dafür gestimmt haben. Das war alles. Was war daran so schrecklich negativ, daß die Deutschen für alle Zeiten an Volksbegehren gehindert werden müßten? Hitler jedenfalls ist nicht per Volksbegehren an die Macht gekommen, und auch sein Ermächtigungsgesetz kam ohne das Volk zustande.

Das Volk scheint andere Sorgen zu haben, es möchte Arbeit und eine heile Umwelt. Vielleicht wäre es froh, wenn das Recht auf Arbeit und der Schutz der Umwelt als Staatszielbestimmungen in die neue Verfassung aufgenommen würden, aber da es nicht einmal erfährt, wer was mit welcher Legitimation aushandelt, wird es eines Morgens aufwachen und etwas vorgesetzt bekommen, an dem es nicht den geringsten Anteil nehmen durfte. Dann wird man ihm erzählen, daß der 2. Vorsitzende, Henning Voscherau, doch ausdrücklich in der ersten Sitzung gesagt habe, die Kommissionsarbeit biete dem ganzen deutschen Volke eine Chance, in eine große Diskussion über unsere Verfassung, die Verfassung des geeinten Deutschlands, einzutreten. Danach wurde die Nichtöffentlichkeit beschlossen. Daß es eine Diskussion nicht gegeben hat und nach Lage der Dinge kaum noch geben wird, soll trotzdem die Schuld des Volkes sein.

April 1993

parteien staat

Kein Grund zur Selbstreinigung

Die Mehrheit hat bekommen, was sie wollte, und auch wenn nicht alles so gekommen ist, wie sie sich das vorgestellt hat, soll sie jetzt nicht behaupten, sie sei getäuscht worden. Das nimmt ihr niemand ab, am wenigsten die Regierenden. Kohl ist geblieben, was er war, Strauß ist geblieben, wo er war, und die paar Probleme, die die Medien uns eingebrockt haben, werden sich schon lösen lassen. Es mag sein, daß wir jetzt die Regierung haben, die Flick und Brauchitsch sich haben träumen lassen, aber es ist eine Sache, eine Regierung zu kaufen, und eine andere Sache, eine Regierung zu wählen. Die, die wir haben, ist nun einmal gewählt worden, ganz demokratisch, und darauf sollte sie sich berufen, wenn die kleine Minderheit saubere Verhältnisse fordert. Die Verhältnisse sind sauber, kein Zweifel.

Kein Zweifel auch, daß Kohl Fehler macht, meistens, weil er sich unbeholfen ausdrückt. Er hat natürlich recht, wenn er sich einen Rammbock nennt, wo er von einem Sündenbock reden müßte, aber es ist ein Schnitzer. Es ist ebenfalls ein Schnitzer, wenn er bei jeder Gelegenheit vom Aussitzen spricht. Für einen Herrenreiter wird ihn keiner halten, also sollte er getrost in knappen Worten sagen, daß das Recht und die Macht auf seiner Seite sind – und danach handeln. Wie im Falle Wörner. So einen Mann darf man nicht in die Wüste schicken und schon gar nicht zum sozialen Falle werden lassen. Er hätte auch Lambsdorff nicht gehen lassen dürfen, und schon gar nicht Barzel. Der eine ist unschuldig, solange ihn das Gericht nicht schuldig gesprochen hat, der andere hat, wie er selbst sagt, richtig und rechtlich gehandelt, seine Steuern bezahlt, was bei weitem nicht jeder tut, und nur ein bißchen nebenbei verdient, was bei weitem nicht jeder kann. Wenn die Rentner und die Arbeitslosen ihm das nicht gönnen, sollten sie sich besser an den wenden, der Barzel honoriert hat. Bei dem ist sicherlich noch dies und jenes zu holen.

Die Verwirrung, die jetzt in Bonn und ›draußen im Lande‹ herrscht, verdankt sich nicht unsauberen Verhältnissen, sondern Kohls mangelnder Konsequenz und seiner Neigung, Bauernopfer zu bringen, um selbst zu überleben. Es könnte die falsche Methode sein, aber vor allem bringt sie ihn in die Defensive, weil er nicht auf der normativen Kraft des Faktischen besteht, sondern den Feinden seiner geistig moralischen Wende Zugeständnisse macht, die wie Eingeständnisse wirken. Warum sagt er nicht endlich, daß Geld nehmen so normal sei wie Geld geben, daß von Käuflichkeit einzelner oder der ganzen Republik keine Rede sein könne. Schon denken die Leute, es habe tatsächlich Käuflichkeit und Korruption gegeben, und zwar nicht bloß der Absicht nach, sondern auch den Folgen nach. Das ist der falsche Weg. Moral hat mit dem Regieren nicht das mindeste zu tun, und also sollte man aufhören, von Moral zu sprechen; sie ist kein Helfer in solcher Lage.

Dagegen wäre der Florentiner Machiavelli ein vortrefflicher Helfer, obwohl er selbst kaum ein Machiavellist gewesen ist, sondern nur einen wunderbar bösen Blick auf Geschichte und Politik geworfen hat. Er wollte dahinterkommen, wie Staatswesen funktionieren, und er ist dahintergekommen. Das hat ihn zum Klassiker gemacht. Sollte sein Name während Kohls Studium der Politischen Wissenschaften nicht gefallen sein, dann muß der Kanzler diese Lektion zu seinem und unser aller Nutzen schnell nachholen. Den Moralpredigern braucht er nur den einen Satz entgegenzuhalten: »Ein Herrscher, der sich behaupten will, muß sich zu der Fähigkeit erziehen, nicht allein nach moralischen Gesetzen zu handeln, sondern von diesen Gesetzen Gebrauch oder nicht Gebrauch zu machen, je nachdem es die Notwendigkeit erfordert.« In seinem Falle, geht es um Lambsdorff oder um Barzel, fordert die Notwendigkeit ganz offensichtlich, keinen Gebrauch von der Moral zu machen, und da Kohl gewählt worden ist, um sich zu behaupten, nicht aber um sich ruinieren zulassen, darf niemand ihm Vorwürfe machen.

Hat Kohl einmal mit Machiavelli angefangen, kann er auch mit ihm weitermachen. Er kann sich verbitten, daß die angebliche öffentliche Meinung, deren Macher keineswegs demokratisch gewählt sind wie er, die Demontage seines Personals zu ihrem Hauptberuf mache. Schließlich handelt es sich nicht um irgendwen, sondern um Männer von Rang, von denen Machiavelli höchst zutreffend sagt: »Männer von Rang können kein geruhsames Leben wählen, selbst wenn sie es ehrlich wollten und keinerlei ehrgeizige Pläne hegten. Keiner glaubt es ihnen. Wollten sie also auch in Ruhe leben, so lassen es die anderen nicht zu. Man muß sich daher dümmlich stellen.« Mit einem solchen Satze hätte man Barzel retten können. Es stimmt alles, vor allem, daß ihm keiner glaubt, und daß er sich dümmlich stellen mußte, in der Art etwa, daß er gezwungen war, auszusagen, er habe gar keine Firma, schon gar nicht Flick, direkt beraten und zu keinem Zeitpunkt Geld von Flick bekommen. Wohin hätte ihn denn die Klugheit gebracht, auszusagen, seine Beratung sei so indirekt erfolgt wie das Geld geflossen?

Es geht allerdings auch so, daß die Person, die angeblich Unrecht getan haben soll, aus dem Angriff auf die Person einen Angriff auf die Partei macht, die sie vertritt. Ein Ausweg, gewiß, aber nicht der Lehre Machiavellis folgend. Der sagt vielmehr: »So muß ein Herrscher milde, treu, menschlich, aufrichtig und fromm scheinen, und er soll es gleichzeitig auch sein; aber er muß auch die Seelenstärke besitzen, im Fall der Not alles ins Gegenteil wenden zu können. Man

> »Ich habe allezeit Machiavellis Buch von der Regierungskunst eines
> Fürsten als eines der allergefährlichsten Bücher angesehen, die jemals
> in der Welt verbreitet wurden.«
> Friedrich II, 1740

muß Verständnis dafür haben, daß ein Herrscher nicht alles beachten kann, wodurch die Menschen in einen guten Ruf kommen, sondern oft gezwungen ist, gegen Treue, Barmherzigkeit, Menschlichkeit und Religion zu verstoßen, eben um die Herrschaft zu behaupten.« Das zeigt, daß es viel verständiger wäre, von Seelenstärke zu reden als von Schuld. Wieviel besser stünde Kohl da, hätte er seinen Feinden den Machiavelli um die Ohren gehauen, der schließlich wußte, daß einer, der immer nur das Gute wollte, inmitten so vieler Menschen, die nicht gut sind, zwangsläufig zugrundegehen müßte. Das können die, die Kohl gewählt haben, nicht wünschen. Was und wo wären sie ohne ihn.

Das Gute oder Schlechte an der Demokratie ist nun, daß ihre Männer von Rang nicht mit ihren Rängen geboren werden. Sie müssen sie sich erobern und das Eroberte danach zäh verteidigen, und wenn sie wirklich ein Stück Macht verlieren, weil andere mächtiger werden oder werden wollen, dürfen sie sich ihren Machtverlust auch ein wenig vergolden lassen. Dazu wieder Machiavelli: »Ich bin der festen Überzeugung, daß es selten oder überhaupt nie vorkommt, daß Menschen aus kleinen Verhältnissen ohne Gewalt und ohne Betrug zu hohem Rang gelangen, es sei denn, daß ihnen dieser Rang von dem, der ihn einnimmt, freiwillig überlassen oder vererbt wird. Ich glaube auch nicht, daß die Gewalt allein jemals hinreicht; wohl aber wird man finden, daß List allein ausreicht.« Wenn das so ist – und Machiavelli wußte, wovon er sprach –, sind auch die moralischen Vorwürfe, die gegen einige unserer Männer von Rang erhoben werden, einfach läppisch. Sie gehen an der Sache und den Sachzwängen vorbei.

Wir wissen, daß der Mensch gar nicht gut ist, und daß die Politiker auch nur Menschen sind. Da wir sie brauchen, weil uns ja jemand regieren muß, müssen wir auch ein Nachsehen mit ihnen haben, sofern sie so sind wie wir alle – oder doch hinreichend viele von uns. Andererseits wollen aber die Politiker, daß wenigstens wir gut seien, und dafür erlassen sie Gesetze, die uns zeigen sollen, daß das Böse sich nicht rentiert. Sollen diese Gesetze auch für die gelten, denen wir sie verdanken? Zu dieser Frage bemerkt Machiavelli, daß die Menschen sich leicht verderben ließen und wesensfremde Meinungen annähmen, selbst wenn sie gut veranlagt und wohlerzogen seien: »Diese Erkenntnis soll die Gesetzgeber der Freistaaten und Alleinherrschaften umsomehr veranlassen, die Gelüste der Menschen zu zügeln und ihnen alle Hoffnung zu nehmen, bei Verfehlungen straflos auszugehen.« Freilich hielt er es für ein schlechtes Beispiel, ein Gesetz nicht einzuhalten, besonders wenn es der Gesetzgeber selbst täte. Ein schlechtes Beispiel, ohne rechtliche Folgen, mehr nicht. Daß die Gesetzgeber ein gutes Beispiel geben sollten oder müßten, davon ist keine Rede, und wie könnte die Rede davon sein, wenn doch klar ist, daß das Hauptinteresse der Machthaber auf die Machterhaltung gerichtet sein muß, und sie eben dieses Interesse zwangsläufig daran hindert, so gut zu sein, wie sie vielleicht gerne wären. Daran dürfte sich nichts geändert haben, obgleich seit dem Erscheinen Machiavellis Schrift viereinhalb Jahrhunderte vergangen sind, und wir inzwischen so etwas wie eine parlamentarische Demokratie besitzen. Die viele vergangene Zeit ändert gewiß nichts an der Überzeugungskraft von Machiavellis Denken. Das beweist der folgende Gedanke: »Wenn aus inneren oder äußeren Ursachen ein Mißstand in einem Staat oder gegen einen Staat entstanden ist und bereits so um sich gegriffen hat, daß er jedem Bürger Angst zu machen beginnt, so ist es viel sicherer, seine Beseitigung hinauszuschieben, als den Versuch zu machen, ihn aus der Welt zu schaffen. Wenn man ihn zu mildern versucht, vergrößert man fast immer nur seine Wirkung und beschleunigt so das

Übel, das man befürchtete.« Gewiß, Hinausschieben ist nicht viel
besser als Aussitzen, aber es käme darauf an, dafür zu sorgen, daß
nicht jeder Bürger Angst bekommt, was nur möglich ist, wenn man
aus der Defensive in die Offensive geht, nicht wie Biedenkopf von
Selbstreinigung oder gar von Erneuerung spricht, sondern die Dinge
beim Namen nennt, statt sich auf das Argumentationsniveau seiner
Feinde zu begeben. Dann könnte alles bleiben, wie es ist, weil es
immer schon so war. Und daß es immer schon so war, wissen wir,
wie gesagt, von Machiavelli, der leider die Reden des Kanzlers nicht
mehr schreiben kann, weil er mausetot ist.

Dezember 1984

Der Tanker schwoit

Das Bild vom Tanker hat der Bundesgeschäftsführer der SPD erfunden, der Vordenker Peter Glotz, der vielleicht kein Nachdenker ist, auf jeden Fall aber allerlei von dem über Bord geworfen hat, was für eine linke Partei nicht bloß Ballast gewesen wäre. Das Schiff, von dem er spricht, hat nicht viel Tiefgang, und wenn es auch stimmen sollte, daß sein Parteitanker so schwer zu bremsen wie auf anderen Kurs zu bringen ist, so bleibt sein Bild doch schief, denn auf dem Tanker gibt es allemal einen, der den Kurs kennt und bestimmt, wogegen die SPD eben keinen Navigator hat, und einen Kurs auch nicht: Ein Ziel möglicherweise, irgendwann einmal wieder die Macht in der Bundesrepublik, aber wo und wie die zu finden wäre, das weiß entweder keiner, oder zu viele glauben es zu wissen. Da wird das Steuer bald nach der einen Seite, bald nach der anderen geworfen, in der Regel aber meist beharrlich nach Backbord, der voraussegelnden CDU hinterher.

Das Verhängnis hat vor fünfundzwanzig Jahren seinen Lauf genommen, als aus der vagen Programmpartei eine echte Volkspartei werden sollte, und zwar nicht, weil unter allen Umständen hätte umgedacht werden müssen, sondern weil umgedacht werden sollte, um neue Wähler anzulocken und mit diesen regierungsfähig zu werden. Einerseits ist diese Rechnung aufgegangen: Die SPD ist an die Regierung gekommen, als eine Partei freilich, die nur noch an einem Rande ein wenig links war, im übrigen aber von ihren konservativen Kanalarbeitern beherrscht wurde. Andererseits also ist die Rechnung nicht aufgegangen, denn wenn die SPD nach Godesberg nicht mehr die Politik durchsetzen konnte, die sie vor Godesberg rund hundert Jahre lang für relativ richtig gehalten hatte, hätte sie, wenn es ihr um mehr als ums reine Regieren gegangen wäre, nicht zu regieren brauchen. Der Traum vom Zweiparteienstaat, der die Bundesrepublik leicht regierbar machen sollte, ist nicht Wirklichkeit geworden, denn es ist ziemlich gleichgültig, ob das Regieren durch Differenzen innerhalb einer Koalition oder durch Differenzen innerhalb der einen Partei erschwert wird. Ein starker rechter, ein schwacher linker Flügel und eine indifferente Mitte, die sich in allen entscheidenden Fragen nicht oder bloß widerwillig einigen können, das ist ebenso lästig wie drei verschiedene Parteien, die ein Regierungsbündnis geschlossen und in ihren Entscheidungen möglichst nie die Sache, sondern möglichst immer ihre unterschiedliche Klientel im Auge haben. Das Problem ist nur von außen nach innen verlagert, und nichts ist gebessert.

Ja, mehrheitsfähig war diese neue SPD, wenn auch nicht ohne Unterstützung durch die Freien Demokraten, mit fabelhaften Unkosten, über die sie sich leider, als es noch Zeit gewesen wäre, keine Rechenschaft hat geben wollen. Mehrheitsfähig heißt hierzulande eben bürgerlich, und wenn die SPD bürgerlich erscheinen wollte, mußte sie sich unermüdlich von ihren nicht-bürgerlichen oder antibürgerlichen Minderheiten distanzieren, vor allem von ihren sogenannten Jugendorganisationen und deren Linksdrall. Da hat der SDS dran glauben müssen, und mit ihm alle, die sich dem Unvereinbarkeitsbeschluß nicht beugen mochten. Ergebnis: Die Partei war im bürgerlichen Sinne sauber geworden und konnte kaum noch in ihrer kapitalistischen Sehnsucht gestört werden. Die Stunde von Schiller und Schmidt nahte.

Leider war das Ganze eine Rechnung ohne den Untermieter, denn dadurch, daß man Leute exmittiert, verschwinden sie nicht von der Bildfläche. Sie sind noch da, und weil sie da sind und etwas wollen, was sie innerhalb ihrer alten Organisation nicht mehr dürfen, organisieren sie sich neu und versuchen es woanders, zum Beispiel in der außerparlamentarischen Opposition. Die war noch viel lästiger als die ausgegrenzte Minderheit, was, wenn auch nicht Herbert Wehner,

»Genossen, wir dürfen uns nicht von der Geduld hinreißen lassen!«
Ein unbekannter württembergischer
Arbeiter auf dem wydener Kongreß, 1880

so doch Willy Brandt erkannte, die Integrationsfigur – und übrigens
so ziemlich der einzige gehobene Politiker, der während des tausendjährigen Reiches auf der richtigen Seite gekämpft hatte, was ihn bei
unseren Rechten genauso verdächtig machte wie die Tatsache, daß
er sich als Kanzler und als Exkanzler seiner linken Vergangenheit nicht
sonderlich schämte. Es scheint, daß er Verständnis für die aufbegehrenden und an den Rand gedrückten Linken besaß, jedenfalls, solange
die nicht gesonnen waren, sich jenseits der SPD anzusiedeln. Die
»Guten« hat er tatsächlich mehr oder minder integriert, reintegriert,
während er sich für die »Bösen« den Ministerpräsidentenbeschluß,
auch Berufsverbot genannt, einfallen ließ. Auch wieder ein Fehler
mit peinigenden Folgen.

Brandt mußte, wie man weiß, gehen, nachdem er das Nötige getan
hatte: die Verständigung mit dem Osten, nötig vor allem für die Wirtschaft, die nun die Früchte dieser Verständigung genießen wollte,
unter der Richtlinienkompetenz eines Mannes, der besser als Brandt
wußte, was der Wirtschaft dienlich war, Schmidt nämlich, dem keiner
ein Interesse für die linke Tradition der SPD nachsagen kann, ein
sachliches sowenig wie ein intellektuelles, für den die Macht, vor
allem die Macht seiner Reformpartei, wichtiger war als alles andere.
Da er die Partei nicht auf Vordermann bringen konnte, hat er sie wenigstens auf den Hund gebracht und der staunenden deutschen Bour-
geoisie gezeigt, daß man als Kanzler dieser Partei ganz gut ohne oder
gegen diese Partei regieren konnte, gestützt auf kurzlebige Erfolge
und die Kanalarbeiter. Bis auch er gehen mußte.

Die Leute, die 1968 die Phantasie an die Macht bringen wollten,
haben dabei gewiß nicht an Schmidt gedacht. Er hatte keine Phantasie,

57

allenfalls ein Trugbild von »Fortschritt« und Wachstum. Während seiner Regierungszeit haben zwar nicht die Vordenker, aber die Nachdenker die Gefahren des Wachstums entdeckt, sogar innerhalb der SPD. Aber sowenig wie Schmidt sich durch den elitären »Club of Rome« hat beirren lassen, sowenig wollte er sich durch Erhard Eppler beirren lassen. Er hat ihn lächerlich gemacht. Er und seine Männer (und Frauen) haben die wenigen verbliebenen Linken gnadenlos aus der Partei gedrückt, die aufrichtigen und ungeschickten wenigstens, sie haben aus der einst pazifistischen übernationalen Partei eine nationalistische Hochrüstungspartei gemacht, in der überhaupt nicht mehr nachgedacht werden durfte, nicht über »das Bündnis«, nicht über die Umwelt und auch nicht mehr über die Moral.

Wieder eine Rechnung, die nicht aufgegangen ist, noch weniger als die Rechnungen davor, denn wieder haben sich die Ausgegliederten an anderer Stelle organisiert, diesmal mit Erfolg, als vierte Partei, und, was schlimmer ist, als Partei der Jungen, die die entscheidenden Positionen so nachdrücklich besetzt haben, daß für die ehedem aufbegehrenden Jusos nichts, rein gar nichts mehr bleibt. Es sind ja nicht nur dank Richard Löwenthal und Gesine Schwan die Linken verschwunden, es sind auch die Jungwähler verschwunden, und das hat mit seinem »Machen« der Helmut Schmidt getan, weil ihm die wenigen, aber integrierten Arbeiter so viel wichtiger waren als die nichtintegrierten Umdenker. Die Mehrheit dieser Arbeiter ist so blind wie die Mehrheit der Bauern, woran die Bedingungen, unter denen die einen arbeiten und die anderen die Natur verwüsten, indem sie ihre Felder bestellen, nicht ganz unschuldig sind. Da sie den Zwängen der Gegenwart ausgeliefert sind, hat die Zukunft keinen Platz in ihrem Denken, selbst dann nicht, wenn sie um ihrer Gegenwart willen Zukunft auch für sich selbst unmöglich machen. Die Sintflut wird schon kommen, aber nicht erst nach uns.

Es ist wahr, Schmidt war und ist nicht Parteivorsitzender, aber daß die SPD den Eindruck einer hilflosen Stammtischrunde macht, ist fraglos eine Folge seines Regierens und seiner Unfähigkeit, anderen ein Stück Vernunft zuzutrauen. Er hat getan, als wisse er alles besser, und es zeigt sich, daß er gerade das, worauf es angekommen wäre, nicht gewußt hat. Die Grünen gäbe es nicht, wenn es Eppler und anderen gelungen wäre, die Ökologie in der SPD heimisch zu machen; sie sind als selbständige Potenz auf dem Mist gewachsen, den Schmidt gemacht hat. Und da die nun entschiedener als die SPD Opposition machen, auch Opposition gegen die SPD, wo das möglich und nötig ist, wird es für die SPD immer schwieriger, sie wieder auf ihre Seite zu ziehen. Der eine Flügel der SPD will mit ihnen sowenig zu tun haben wie der andere mit der CDU, aber wenn die SPD irgendwo so etwas wie Macht ausüben will – mag sein, daß sie das im Augenblick gar nicht möchte –, dann muß sie mit irgendwem koalieren, irgendwem Zugeständnisse machen, aber auch, da sie eine Vielparteienpartei geworden ist, immer gegen den einen oder den anderen ihrer Flügel regieren.

Ihre Programm- und Ideenlosigkeit ist so groß geworden, daß sie zwar noch eine Grundwertekommission besitzt, die für eine ferne Zukunft wieder eine Art Programm erfinden soll, im übrigen aber mangels irgendeines Gedankens, der mit ihrer Vergangenheit zusammenhinge, Meinungsforschungsinstitute beauftragt hat, herauszufinden, wo gegebenenfalls noch Wähler zu finden wären, die für sie stimmen könnten – und das können nach Lage der Dinge höchstens bürgerliche Wähler sein, die ihren Trend nach rechts beschleunigen werden. Nein, sie hat kein Programm, sowenig wie die CDU und die FDP (die freilich keins brauchen), sie wird sich etwas zusammenbasteln, das den Namen Programm bekommt und keine andere Funktion haben wird als potentielle Wähler anzuziehen. Sie sucht nicht Wähler für Ideen, die sie hätte, sondern ein Lockmittel für Wähler, die sie haben möchte. Vom Golem der Volkspartei wird sie nicht mehr loskommen, sondern nur immer diffuser und konfuser werden und am Ende auf ihren vierzig Prozent sitzenbleiben, so hilflos Kohl und sein Kabinett auch immer dahinregieren mögen. Und das heißt, daß sie für die nächste Zeit den Grünen das Oppositionsfeld kampflos überlassen wird, bis sie begreift, was die Stunde geschlagen hat, wenn es dann nicht schon zu spät ist.

Januar 1985

Es grünt so grün

Wenn man den Farbwerken Hoechst oder der Degussa glauben wollte, brauchten wir überhaupt keine Grünen, denn die chemischen Zauberkünstler haben den lieben langen Tag keinen anderen Gedanken als den von der gesunden Umwelt. In ihren Anzeigen sieht die Natur so natürlich aus, daß man sich vor Wonne nicht lassen kann. Geht man aber in die Natur und sieht sich an, was Hoechst und die Degussa so anstellen, dann sucht man die natürliche Natur vergebens. Sie existiert nur in Farbprospekten. Was tatsächlich existiert, sind sterbende Wälder, überdüngte Seen, umkippende Gewässer, tote Meere. Deswegen haben wir die Grünen, die Alternativen, die Aussteiger, die Systemveränderer, nette Leute von mehr oder minder links, scheint es.

Eine Partei, sagen sie, seien sie nicht, eher eine Bewegung. Das könnte gegen sie einnehmen, wenigstens die, die von einer Bewegung in ihrem Leben genug haben. Da sie keine Profis sind, machen sie Fehler, andere als die anderen, harmlosere meist, aber die werden ihnen verübelt. Ein systemkonformer Fehler ist selbstverständlich kein Fehler, sondern eine verständliche Gewohnheit. Was man die Weiße-Kragen-Kriminalität nennt, schadet selten einem Abgeordneten, lasse sich der nun bestechen oder leiste er einen Meineid. Ein Demokrat bleibt er, und verzichten wollen seine Leute auch nicht auf ihn; eine merkwürdige Tatsache, die sich nur aus unseren Vorstellungen von dem, was die Demokratie sei, erklären läßt. Ein Grüner dagegen, der einem hochdekorierten General ein paar Blutstropfen auf die Uniform spritzt, wird behandelt wie ein Verbrecher, denn das Spritzen mit Blut ist eben nicht systemkonform und weder in den geschriebenen noch in den ungeschriebenen Spielregeln der Demokratie vorgesehen.

»Viele haben mich umarmt, mir solidarisch gesagt: ›Petra, das hast du unheimlich gut gemacht!‹«
Petra Kelly, 1984

Die Grünen spritzen aber nicht bloß mit Blut, sie fallen auch sonst auf. Sie tragen keine Krawatten, sondern Rauschebärte, keine Schneiderkostüme, sondern Latzhosen, was sie dem Verdacht aussetzt, die Würde der Hohen Häuser zu verletzen. In denen kommt es nämlich nicht darauf an, daß einer eine moralische Person ist, sondern daß jede Weste, die er trägt, unbestreitbar weiß scheint. Nur auf diesen Schein kommt es an, und der stellt sich leichter ein, wenn einer korrekt gekleidet ist – mag er auch sonst ein Schuft sein. Nun ist ein Parlament ein relativ überschaubarer Betrieb, in dem beinahe jeder alles von jedem weiß; besonders das Abträgliche, bis hin zu den Leichen im Keller. Wer solches Material systematisch sammelt, kann mächtig werden. Funktionieren kann diese Machtausübung im stillen aber nur, wenn öffentlich von dem, was alle wissen, nicht geredet wird, schon mit Blick auf die vielen »draußen im Lande«, die denken sollen, sie hätten lauter Ehrenmänner gewählt.

Und auch da zeigen sich die Grünen als bedauerliche Laien. Sie reden ganz öffentlich über persönliche Mängel, was neben einem Mangel an Taktgefühl auch einen Mangel an Erziehung verrät. Das hängt damit zusammen, daß sie alles besser und anders machen wollen als die anderen. Sie sind ganz einfach gegen die Professionalisierung der Politik und gegen das, was seit 1968 »Mauscheln« genannt wird, ohne mit dem realen Mauscheln auch nur das mindeste zu tun zu haben. Da die Grünen im Gegensatz zu den etablierten und staatstragenden Parteien in Korruptionsskandale bisher nicht verwickelt waren, müssen sie sich an das halten, was sie mit der großen Mehrheit verbindet. Da bringen sie es doch fertig, einen Biedermann des Busengrapschens zu zeihen und ihm nahezulegen, auf sein Mandat zu verzichten. Freilich, was erreichen sie damit? Nichts als die Unterstellung, daß es sich bei ihnen um einen Haufen ungewaschener Sittenstrolche handle und um einen beinahe ebenso großen Haufen zimperlicher Ziegen. Äußerst unklug. Bei den andern, natürlich, gibt es keine Busengrapscher; oder hätte man je davon gehört?

Oder sie entdecken, daß unter ihnen einer ist, der einmal in der NSDAP gewesen ist. Was tun sie? Sie schämen sich! Wirklich, sie schämen sich. Und wofür? Für etwas, was noch nie jemanden in diesem Parlament erregt hat. Hätte man allen ehemaligen PG.s nahegelegt, den Hut zu nehmen, unser Bundestag wäre nie beschlußfähig gewesen, wir hätten kaum Staatssekretäre und Minister, kaum einen Kanzler und kaum einen Bundespräsidenten finden können. Die reine Kinderei, die ein weiteres Mal beweist, daß die grünen Laiendarsteller die guten deutschen parlamentarischen Sitten verderben. Sie stellen sich ins Abseits. Sie machen zu sehr auf sich aufmerksam. Sie geben ihren Gegnern ganze Indizienketten in die Hand.

Man braucht ja nur zwei und zwei zusammenzuzählen, dann weiß man, woran man mit ihnen ist: sie sind keine Partei, sondern eine Bewegung, sie sind gegen das System, sie hatten ein ehemaliges Parteimitglied als Kandidaten aufgestellt, sie wollen eine andere Republik, kurz und gut, sie sind Faschisten, soweit sie keine Kommunisten sind, was wieder gleichgültig ist, weil Faschisten und Kommunisten ohnedies austauschbar sind. Diese ekelhaften Saubermänner! Woher denn ihr Interesse an dem Flick-Ausschuß? Doch nur, um die Demokratie und die Parteien, die wirkliche Parteien sind und deswegen viel Geld brauchen, madig zu machen. Genau wie die Nazis. Als wäre das Allzumenschliche nicht das Salz in der Suppe der Demokratie und als wäre die Demokratie nicht auch ohne die Grünen der vollendeten Selbstreinigung fähig. Genau wie die Natur, die nur Leute so tierisch ernst nehmen können, die kein Verständnis für die Interessen einer hochtechnisierten Gesellschaft aufbringen können, weil sie nichts davon verstehen.

Man brauchte wirklich nicht von ihnen zu reden, wenn sie nicht gewählt würden, und von links bis rechts hoffen alle, daß es so weitergehen werde wie im Saarland und in Nordrhein-Westfalen. Was soll denn das, das fabelhafte Dreiparteiensystem durcheinanderzubringen? War es denn nicht schön mit der kleinen FDP, die für jede Treulosigkeit gut war und noch immer mit dem Hund gewedelt hat, dessen Schwanz sie spielte? Eine durch und durch berechenbare Partei. Da wußte jeder, daß die Liebe einmal erkalten würde, mal für die CDU, mal für die SPD. Dagegen die Grünen, absolut unberechenbar. Die sagen das auch noch selbst, als wäre es ein Programmpunkt. Niemand weiß, was sie wirklich wollen, die Fundis auf der einen und die Realos auf der anderen Seite. Ekelhaft, daß sie manchmal gebraucht werden, um eine Mehrheit zusammenzubringen. Ja, wären sie klein und fein wie die FDP, dann brauchte man ihnen keine Bedingungen zu stellen, sondern ließe sich von ihnen welche stellen. Noch jeder hat sich von der FDP erpressen lassen und behauptet, das sei eine normale Koalitionsverhandlung gewesen, noch keiner hat mit der FDP Politik machen können, die er versprochen hatte. Es geht eben nicht alles, wenn man nicht die absolute Mehrheit hat. Hat man die aber, dann geht es auch nicht, weil man in der eigenen Partei ebensolche feindlichen Lager hat, wie sie den Grünen nachgesagt werden. Einen rechten und einen linken Flügel, einen machterhaltenden und einen experimentierenden, nur daß die nicht von sich selbst als Realos und Fundis sprechen.

Das sei nun, wie es wolle, worauf es ankommt, ist dieser Unpartei bei jeder sich bietenden Gelegenheit klarzumachen, daß sie keine Ansprüche zu stellen, sondern zu spuren hat. Man diktiert ihr einfach die Bedingungen, unter denen sie mitspielen darf, und wenn sie sich denen nicht fügt, gibt's gar nichts. Oder eins mit der Dachlatte. Schuld sind die Grünen selbst. Erstens können sie sich nicht einigen über das, was sie wollen, sondern nur über das, was sie nicht wollen, ohne zu wissen, wie sie das verhindern könnten, und zweitens haben sie

»Die Saaldiener im Bundestag sprachen mich schon vor der Rede an
und sagten: Das ist aber mal was, das ist aber mal richtig, das muß
mal gesagt werden.«
waltraud schoppe, 1984

eine zwanghafte Angst davor, verantwortlich gemacht werden zu können. Sie brauchten eine andere Gesellschaft, eine kompromißlose, in
der alle nichts anderes wollen als raus aus der Atompolitik, raus aus
der NATO, raus aus der Umweltzerstörung. Ein schöner Traum in
einer Gesellschaft, in der ein einziger Industrieller sich die Regierung
kaufen kann, die er sich wünscht, in der die Gewerkschaften noch
an ihre Mitglieder und deren Arbeitsplätze denken werden, wenn
niemand mehr produzieren kann, in der die Wachstumsrate ein Fe-
tisch ist und bleibt, in der jeder einzelne das Seine tut, um die Erde
unbewohnbar zu machen.

Daß sich daran nichts ändert, dafür tun die Grünen, was sie können. Mit kleinen Erfolgen wollen sie sich nicht zufrieden geben, sie
wollen das Ganze, und wenn sie das nicht bekommen, machen sie
nicht mit, was ihnen um so leichter fällt, als sie, von Ausnahmen abgesehen, nichts anderes gelernt haben als das Opponieren. Auch untereinander übrigens, gnadenlos. Was kein anderer will, das schaffen
sie spielend, wurschteln mit wechselnden Mehrheiten. Heute so, morgen so. Ein Programm haben sie nicht und sind insofern ehrlicher
als die anderen Parteien, die auch nur so tun, als hätten sie eins. In
die Parlamente sind sie gekommen wie die Jungfer zum Kinde. Als
es soweit war, hatten sie keine Ahnung, was sie arbeiten müßten und
wie sie arbeiten müßten. Zwar haben sie den Beweis angetreten, daß
Dilettanten im Parlament ganz und gar nicht unnützer sind als Profis,
aber den Wert von Sachkenntnissen und Kompetenz werden sie erst
noch kennenlernen müssen. Lieber verhindern sie, daß sich eines
ihrer Mitglieder zu sehr profiliert, und nehmen dafür in Kauf, daß

jeder, der gerade angefangen hat zu sehen, wie der Hase läuft, sich aufs Altenteil zurückzieht, als daß sie eine kontinuierliche Arbeit duldeten, die erkennen ließe, wer die bessere Frau oder der bessere Mann sei. Sie wollen Gleichheit, aber keine Vorder- und Hinterbänkler, und sie wollen Politik nicht als Beruf fürs Leben. Dafür spricht manches, vor allem der Nachweis, was der einzelne zu leisten vermag, wenn er es leisten muß. Vielleicht werden sie eines Tages, wenn die anderen Parteien sich scheinhaft ihre Themen angeeignet haben und sie nicht mehr gebraucht werden, verstehen, daß sie so leicht abzuhalftern waren, weil sie unterschätzt haben, daß man ein halbes oder ganzes Leben braucht, um hinreichendes Fachwissen zu erwerben, und nicht kümmerliche zwei Jahre. Dann könnte es zu spät sein – für uns alle, denn ohne die Grünen würden alle anderen sofort ihre heiligen Schwüre und ihre guten Absichten vergessen, in den alten Trott verfallen, zurück eben zu dem, was wir hatten. Retour à la merde.

Juli 1985

Nur die vollständige Hinrichtung

Bei einem Arbeitsunfall im Parlament ist ein
Todesopfer zu beklagen.

In einer Gesellschaft, die sich nicht selbst befreit hat und der die Demokratie von außen aufgenötigt worden ist, ohne daß sie in ihrer
Geschichte eine bewußtseinsbildende Rolle gespielt hätte, kann sich
Demokratie zwar als relativ stabil erweisen, aber still werden autoritäre
Strukturen weiterleben; das politische Denken, sofern es Denken
überhaupt ist, wird beherrscht bleiben vom Freund-Feind-Modell.
Es gibt weiterhin nicht unterschiedliche, gleichberechtigte Möglichkeiten der Politikausübung, sondern in den Augen der einen bedeutet
die Herrschaft der anderen den Untergang. So jedenfalls reden sie.

Damit die Mehrheit sich als Mehrheit fühlen und genießen kann,
sucht sie sich möglichst kleine Minderheiten, die sie dann als unde-
mokratisch, unzuverlässig oder notfalls auch als verfassungsfeindlich
ausgrenzt. Sie läßt die Muskeln spielen in parteiübergreifenden in-
formellen Koalitionen, aus Machterhaltungsgründen. Die Kleinen,
die anderen, die Gefährlichen werden zum mindesten schikaniert.
Sie werden behindert in der Kontrolle der Regierung, es wird ihnen
der Zugang zu vermeintlich sicherheitsrelevanten Ausschüssen verweigert, sie werden später als alle anderen informiert, bekommen ihre
Redezeiten selbstverständlich erst gegen Ende der Debatte, wenn die
übrigen Volksvertreter schon müde und abgeschlafft sind und an die
Kneipe oder sonst etwas denken. Diese Mehrheit, für die Moral und
Politik wenig bis nichts miteinander zu tun haben sollen und dürfen,
unter der sich Meineidige und Abgeurteilte befinden, ohne daß das

auch nur im geringsten rufschädigend wäre, die den Staat in einen kaum kontrollierbaren Selbstbedienungsladen verwandelt hat, der von Skandal zu Skandal torkelt, diese Mehrheit verwandelt sich in dem Augenblick in ein Orchester von Moraltrompetern, in dem die Außenseiter an der Demokratie teilhaben wollen, als gewählte Vertreter einer Minderheit zwar, aber eben doch gewählt. In der Geschichte der Bundesrepublik haben das nicht die Leute von rechtsaußen zu spüren bekommen, die gern als Mehrheitsbeschaffer gesehen wurden, sondern erst die Grünen, die angeblich nichts anderes im Sinne hatten, als den Staat aus den Angeln zu heben, und jetzt die PDS/Linke Liste. Nun muß man den politischen Gegner nicht unbedingt lieben, aber wenn ein Parlament etwas anderes sein will als eine Troglodytenhorde oder eine Stammtischbande, muß es auch dem ungeliebten Gegner gegenüber irgend etwas erkennen lassen, das bei gutem Willen wie Fairneß aussehen könnte. Dazu freilich ist unser Parlament nicht in der Lage.

Natürlich sitzen da weder die Besten noch die Begabtesten und schon gar nicht die Anständigsten, sondern von Ausnahmen abgesehen Leute, die aus der Politik ihren Beruf gemacht haben und ihren erbärmlichen Nutzen davon haben wollen. Von den Leuten »draußen im Lande« unterscheiden sie sich durch nichts, außer allenfalls durch Ämter- und Machtakkumulation. Sie sind ein getreues Spiegelbild der Gesellschaft, die sie repräsentieren, nur daß ihre Arbeitstracht ihren gehobenen Stand ausdrücken soll. Der Unterschied zwischen den Geächteten, die auf der Straße ihr sogenanntes »Deutschtum« zur Schau stellen, indem sie ethnische Minderheiten massakrieren, und denen, die in Bonn ihr Demokratieverständnis zur Schau stellen, indem sie den politischen Gegner zu vernichten suchen, ist bisweilen nicht mehr wahrzunehmen, nicht einmal in der Sprache. Die einen wie die anderen brauchen ihre Opfer, und sie finden sie – die einen unter Strafandrohung, die anderen allemal straffrei.

Die im Parlament beliebteste Methode, im wahren Wortsinne die Sau herauszulassen, ist der Zwischenruf, der von Zeit zu Zeit Gegenstand von Abhandlungen und Essays wird. Die Leute, die sich damit beschäftigen, sind nicht besser als die Zwischenrufer, denn auch sie finden ihre Freude noch im Plattesten und Vulgärsten. Das heißt nicht, daß der Zwischenruf unter allen Umständen ein verwerfliches Instrument sein müsse; er müßte es nicht sein, sondern könnte belebend wirken, wenn er nur kurzweilig und ein ganz klein bißchen witzig wäre. Nur ist er das bei uns nicht oder fast nie. Herbert Wehner hat ihn angeblich hoffähig gemacht, aber seine Zwischenrufe kamen höchstens aus dem Hinterhof, sie waren verletzend, brutal und ordinär. Von ihm haben's die anderen »gelernt«, wenn es da etwas zu lernen gab.

Wie der Parlamentspöbel sich aufzuführen imstande ist, hat sich im vergangenen März gezeigt, als der Vizepräsident Hans Klein dem Abgeordneten Gerhard Riege das Wort erteilte. Riege gehörte zur PDS, und diesen Makel hatte er noch dadurch potenziert, daß er in seiner Jugend, zwischen 1954 und 1960, den Staatssicherheitsdienst mit Informationen versorgte. Rieges Redebeitrag nimmt im Protokoll rund viereinhalb Spalten ein. Er ist rund dreißigmal von Abgeordneten der CDU/CSU und FDP unterbrochen worden, ohne daß der Vizepräsident sich erkennbare Mühe gegeben hätte, diesem Spuk ein Ende zu bereiten. Und womit ist er unterbrochen worden? »An Ihnen ist der November 1989 vorbeigegangen«, »Was Sie da sagen, ist ja wohl eine Unverschämtheit«, »Sie sollten das Wort Recht überhaupt nicht in den Mund nehmen!«, »Das sind doch Ihre Arbeitslosen«, »Was man sich hier von so einem Stasi-Heini anhören muß!«, »Die Zeit, in der Sie und Ihresgleichen allein reden durften, ist vorbei« und noch manches mehr in diesem hohen Ton des Hohen Hauses.

Riege tat alles andere, als allein reden; er kam kaum zum Reden. Was an den Stasi-Vorwürfen war, wußte keiner der Abgeordneten, und es wußte wohl auch keiner von ihnen, was Riege in seinem Beruf getan hatte, als Professor für Staatsrecht in Jena. Hat irgend jemand eine seiner Veröffentlichungen gelesen, hat irgend jemand geprüft, was Riege hätte vorgeworfen werden können? Wohl eher nicht. Es sollte in ihm die PDS und es sollte in ihm die ehemalige DDR getroffen werden, es sollte der Sieg über den Besiegten ausgekostet werden und es sollte demonstriert werden, daß da so wenig irgend etwas gut gewesen war wie irgend etwas Gutes von dort kommen könne. Mit anderen Worten: Riege sollte »abgewickelt« werden als Vertreter der Rechtswissenschaft in einem Unrechtssystem. Das wäre verstehbar gewesen, wenn seine Publikationen das Unrecht als Recht ausgegeben hätten. Wie zum Beispiel die Publikationen von Huber oder Maunz oder Forsthoff zur Zeit der braunen Mörder, die trotzdem in der Bonner Republik in hohem Ansehen ihre Arbeit fortsetzen durften und das Staatsrecht, wie alle wissen, für Jahrzehnte in ihrem Sinne monopolisiert haben. Gut, die waren keine Abgeordneten, aber wären die Herren Gerster und Blank und Otto ihnen in der Öffentlichkeit vergleichbar entgegengetreten? Sie oder ihre Vorgänger? Kaum.

Die Erklärung ist einfach. Die Konservativen haben nach 1945 nichts getan, um die Verbrechen des »Dritten Reiches« und die Taten der Verbrecher, vor allem der Schreibtischtäter, auf die Weise zu ahnden, die sie jetzt der DDR gegenüber anwenden. Warum nicht? Weil, die Nazis, das waren gerade eben noch sie selbst gewesen, und wer nimmt schon Rache an sich selbst. Aber die Roten aus der DDR, das waren zum Glück die anderen, gegen die man schon unter Hitler und mit ihm etwas hatte. Den eigenen Saustall haben wir nicht ausgemistet, aber den fremden, den misten wir nur zu gern aus. »Gesäubert« haben bei uns vor allem die Alliierten, ziemlich folgenlos, was sich in den sechziger Jahren zeigte, als der Muff von tausend Jahren die akademische Luft verpestete. Gewiß hätten wir die Mitläufer und Nutznießer der braunen Barbarei auf Schonkost setzen können und stattdessen diejenigen zurückholen können, die die Nazis entlassen hatten. Ganze 17 % von ihnen sind wieder berufen worden, nicht mehr und nicht weniger. Zu wenig auf jeden Fall.

Heute, nach fast einem halben Jahrhundert, sieht das besser aus, für die Wessies jedenfalls. Denen steht eine Reservearmee von beschäftigungslosen Akademikern zur Verfügung, die nur auf ihren Einsatz in den angeschlossenen Ostgebieten wartet. Sie wird ihre Chancen wahrnehmen. Sie nimmt sie bereits wahr.

Riege gehörte zu denen, die ihren Lehrstuhl verlieren sollten. Er hat sich, als er gerade wieder hoffen konnte, ihn zu behalten, das Leben genommen. Der Bundestag, der ihn mißhandelt hatte, hat seiner gedacht. Das heißt, Frau Süssmuth hat ein paar herzlose Sätze heruntergehaspelt, in denen sie behauptete, Riege sei an der DDR zerbrochen. Sie hatte auch sagen wollen, daß Auseinandersetzungen im Parlament so geführt werden sollten, daß jeweils der Situation des einzelnen im System der DDR Rechnung getragen werde. Dieser Satz, der eine Kritik an den parlamentarischen Totschlägern gewesen wäre, ist ihr gestrichen worden. Sie hat ihn sich streichen lassen. So mutig ist man in der Freiheit.

Riege selbst hat die Dinge anders gesehen als Frau Süssmuth. Er hat von dem Haß gesprochen, der ihm im Bundestag entgegengeschlagen sei, und von seiner Angst vor der Medienöffentlichkeit und davon, daß ihm die Kraft zum Leben fehle. Das klingt weder nach Politruk noch nach Betonkopf, sondern eher bescheiden und verzweifelt. Anders jedenfalls als alles, was man von Globke oder Vialon oder irgendeinem furchtbaren braunen Juristen gehört hat. Die sahen auch keinen Anlaß, sich umzubringen, es ging ihnen ja gut. Riege ging es schlecht. Er fühlte sich als Besiegter derer, die so gern von den

Brüdern und Schwestern reden. »Sie«, hat er geschrieben, »werden den Sieg über uns voll auskosten. Nur die vollständige Hinrichtung ihres Gegners gestattet es ihnen, die Geschichte umzuschreiben und von allen braunen und schwarzen Flecken zu reinigen.« So wird es wohl kommen, jedenfalls was die betrifft, die sich die »politische Klasse« nennen.

April 1992

Abgekanzelt

Im Kampf um kommende Macht und Pfründen haben Kohl und seine lahme alte CDU mit viel Geschick das einzig Richtige getan: Sie haben verloren.

Was viele vorhergesehen und sehr viele sehnlich gewünscht haben, ist endlich eingetroffen: Der Dauerkanzler, der am Ende nur noch die Tage zählte, bis er schließlich sagen konnte, daß keiner in der Bundesrepublik so lange regiert habe wie er, als sei das nicht bloß für ihn, sondern für alle das Wünschenswerteste, hat sich selbst überflüssig gemacht – aber er hat nicht lediglich seinen Ruf, wie gut oder wie schlecht der immer gewesen sein mochte, ruiniert, sondern auch seine Partei.

Sie war die längste Zeit nicht viel mehr als eine reine Kanzlerpartei und ein Kanzlerwahlverein. Das hat lange funktioniert, weil ihm auf der einen Seite der Zufall und auf der andern Seite sein taktisches Geschick geholfen haben. Visionen hatte er nicht – manche finden das gut –, aber er hatte einen imposanten Machtinstinkt. Seine Devise hieß: weiterregieren, um jeden Preis, und nach ihm konnte ruhig die Sintflut kommen, denn auch die hätte ihn nur größer erscheinen lassen können, wenn er den rechten Zeitpunkt gefunden hätte, aufs Altenteil zu gehen. Er fand ihn nicht, konnte und wollte ihn nicht finden und teilt nun das Schicksal all derer, die ihn genausowenig gefunden haben wie er.

Bismarck wurde so spät in die Wüste geschickt, daß kaum noch etwas zu retten war, schon gar nicht durch den Kaiser, den wir damals hatten und der nicht nur ebenfalls zu lange regiert, sondern das Reich auch in den Ersten Weltkrieg getrieben hat. Adenauer war noch einer, der im höchsten Greisenalter an der Macht hing wie ein Fisch am Angelhaken, auch er trickreich und zum Schluß nichts als ein Schatten ehemaliger Halbundhalb-Größe. Und dann hat es ja auch noch den braunen Mörder gegeben, von dem leider nicht ohne Zustimmung Späterer Sebastian Haffner behauptet hat, er wäre als Großer in die Geschichte eingegangen, wenn er rechtzeitig, bevor er den Zweiten Weltkrieg vom Zaune brach, gestorben oder ermordet worden wäre. Groß war er lediglich als Verbrecher, dem zwölf Jahre genügt haben, um halb Europa in Trümmer zu legen.

Die Zeiten sind humaner geworden, bei uns jedenfalls, und Kohl wollte weder Krieg noch ethnische Säuberungen, sondern den Euro und eine möglichst große Europäische Gemeinschaft, was für einen geborenen Provinzfürsten schon allerhand ist, ohne daß es deswegen auch das Ziel aller Wünsche sein muß. Schlimmer war, daß er an seinem Sessel klebte, auf dem er aussaß, was immer sich aussitzen ließ. Er war fabelhaft in seinen Versprechungen, von denen er wissen mußte, daß er sie nie würde einlösen können. Nie hat es die berühmte geistig-moralische Wende gegeben, sondern unsere Republik ist von Jahr zu Jahr ungeistiger und unmoralischer geworden.

Mit seinem vorletzten Trick, dem Versprechen blühender Landschaften in der ehemaligen DDR, ist er trotz des märchenhaften Transfers von immer neuen Milliarden blamabel gescheitert, und ebenso mit dem letzten Trick, dem Versprechen, die Arbeitslosenzahl schnell zu halbieren. Übrig blieben seine leeren Worthülsen, die ohne Unterbrechung aus seinem von leckender Zunge genäßten Munde kamen. Kein Mißerfolg hat ihn gehindert, an sich und seinen Erfolg zu glauben wie früher die Kinder an den Weihnachtsmann.

Am Ende glaubte fast nur noch er daran, selbst seine Partei nicht mehr, die er wie Hitler sein Reich als Trümmerhaufen hinterläßt. Die Arbeit, die der Politruk Wehner für die SPD erledigt hat, die Eliminierung aller selbständig Denkenden, bei der ihm niemand in den

»So kann ich nur bemerken, daß ich meinen Abschied erhalten habe und sehr gern im Amt geblieben wäre.«
BISMARCK, 1890

Arm gefallen ist, weil alle die Hände an der Hosennaht hatten, hat für die CDU Kohl übernommen, mit durchschlagendem Erfolg, bis er schließlich nach Geißler und Biedenkopf, die ihm hätten gefährlich werden können, den simplen Pfarrer Hintze an seine Seite holte, von dem gähnende Langweile, aber kein rettender Gedanke ausging.

Wen wundert es nach all dem, daß die Mehrheit seiner überdrüssig war. Sie wollte ihn nicht mehr hören, und sie wollte ihn nicht mehr sehen. Er ist abgewählt worden, und nur seinetwegen auch seine Partei, die es unter anderer Führung vielleicht, sehr vielleicht doch noch einmal geschafft hätte. Er hätte, wie versprochen, zugunsten Schäubles zurücktreten können, solange noch nicht alles verloren war. Er hat es nicht getan und tut jetzt so, als sei da nur eine Wahl verlorengegangen, als habe er das Desaster in alter Frische überlebt. Wer sein Nachfolger in der Partei wird, will noch immer er bestimmen.

Von einer Erneuerung der Partei spricht nicht er, sondern seine vermeintlich jungen Wilden tun das, unterstützt von einem Haufen Ehemaliger, die ihm stets selig zugestimmt haben, ohne auch nur dem Gedanken Raum zu geben, daß er nicht wegen seines Genies, sondern trotz seiner Fehler ein ums andere Mal wiedergewählt wurde. Jetzt plötzlich kommen sie aus ihren Löchern und fordern eine grundsätzliche Neuorientierung. Denn eins steht fest, auf ihre Pfründen wollen sie nicht verzichten, und so tun sie so, als könne das meiste beim alten bleiben. Vor die Wahl gestellt, es genug sein zu lassen und abzutreten um dessentwillen, was sie durch sklavischen Gehorsam mitverschuldet haben, oder sich wie auch Kohl selbst als einfache Abgeordnete weiter einzumischen, haben sie sich fast alle für das Einmischen entschieden, mögen sie nun Bundestagspräsidentin oder

Verteidigungsminister oder des Kanzlers Liebling, die Atomministerin, gewesen sein: Schuld bei sich können sie nicht finden, nur ein Recht auf den Besitzstand.

Der Staat, das scheinen sie zu glauben, gehört immer noch ihnen, und so verwalten sie weiter und bringen ihre Schäfchen aufs Trockene, auch wieder Leute, die den Hals nicht voll bekommen können und deswegen schnell noch um eine oder zwei Stufen befördert werden, denn je mehr leitende Posten sie noch besetzen, desto weniger Möglichkeiten bleiben der gewählten neuen Regierung, die eben noch nicht im Amt ist. Das Gewissen schlägt keinem dabei, und ein Gefühl dafür, daß sich dergleichen in einer Demokratie nicht gehört, hat wohl auch keiner. Genausowenig ein Gespür dafür, daß der Souverän, das Volk halt, mit erstaunlicher Deutlichkeit gesagt hat, was er von ihnen hält.

Diesmal nämlich hat die bewährte Umfallerpartei nicht ihrerseits den Kanzlerwechsel organisieren können, aus Gründen des Überlebens, sondern es ist geschehen, was es in der Bundesrepublik noch nie gegeben hat: die Wähler haben eine im Amt befindliche Regierung einfach abgewählt, als hätten sie zeigen sollen, daß sie durchaus in der Lage wären, für etwas zu sorgen, wofür zu sorgen die CDU keine Lust hatte. Wenn ihr's nun einmal nicht selbst macht, nehmen wir es unsererseits in die Hand. Und das haben sie dann auch getan.

Einen wirklich zufriedenen Eindruck macht allein Kohl. Zufrieden mit seiner spektakulären Abwahl? Das wohl eher nicht. Zufrieden mit dem Erbe, das er der neuen Koalition hinterläßt. Vor allem bestehend aus dem Heer der Arbeitslosen, der immensen Staatsverschuldung und der noch immer nicht ganz durchgesetzten Umverteilung von unten nach oben. Die SPD darf bei uns nur an die Macht kommen, wenn die CDU sich die Hände nicht zu dreckig machen will. Und gerade für solche Drecksarbeit scheint Gerhard Schröder der geeignete Mann. Den Wenigen, denen es schon immer gut ging, wird es auch in Zukunft gut gehen, und was aus den vielen werden wird, denen es immer schlechter gegangen ist, kann man sich beim Zustand der von Waigel geleerten Kassen leicht vorstellen.

Was sonst noch auf ihn zukommt, macht der Übermut der Scheidenden deutlich. Rühe, der vermutlich in der Opposition verschlissen werden wird, tut so, als sei die Bundeswehr immer noch die seine, und rechnet damit, daß Rot-Grün versuchen werde, sein schönes Spielzeug kaputtzumachen, verspricht aber, daß er auch von außerhalb seine schützende Hand über die Hardthöhe halten werde. Schöne Zeiten, mit der alten Demagogie. Da hätte man doch auch den Pfarrer Hintze behalten und halten können.

November 1998

krieg schuld

Die Oder, Deutschlands Strom?

Dreigeteilt? Freilich! Aber auch selbstgeschaffene Tatsachen
helfen nicht über revanchistische Träume hinweg.

Nach dem Ersten Weltkrieg, heißt es, haben wir Fehler gemacht. Daß
wir ihn angefangen haben, haben wir geleugnet, daß wir ihn verloren
haben, haben wir bestritten, den Friedensvertrag haben wir nicht un-
terschrieben, und als wir ihn doch, mit verdorrter Hand, unterschrie-
ben hatten, möglichst nicht halten wollen. Beim zweiten Mal wollten
wir's besser machen, den Zweiten Weltkrieg ganz offen anfangen und
ihn unter keinen Umständen verlieren. Verloren haben wir ihn trotzdem, und als wir ihn verloren hatten, wollten wir es wieder besser
machen und keinesfalls die Fehler von Weimar wiederholen. Die andern wollten es übrigens auch besser machen und haben sich deswegen die Mühsal eines Friedensvertrages erspart, auf den außer uns
keiner mehr wartet. Statt dessen haben sie Tatsachen geschaffen, die
alle andern für Tatsachen halten, bloß wir nicht. Sie haben uns zum
Beispiel besetzt, und sie halten uns bis heute besetzt. Alle wissen das,
alle können es sehen, aber uns beschämt das, und deswegen behaupten wir, wir seien frei und gleichberechtigt, keinesfalls ein Satellit.
Nur wenn wir in der Patsche sitzen, erinnern wir uns schnell an das
»Fortbestehen der Viermächteverantwortung für Deutschland als
Ganzes«. Was dieses »Deutschland als Ganzes« sei, weiß allerdings
niemand zu sagen, denn so ein Ganzes ist nirgends zu erblicken.
Statt dessen gibt es die BRD und die DDR, wobei wir in der Regel
wir sind und eben nicht die BRD, obwohl doch wir und nicht die
andern dieses Kürzel erfunden haben, während sich die DDR für

uns allmählich über »die Zone« zur »DDR« und dann zur DDR gemausert hat. Sie ist jetzt offenbar sogar ein eigener Staat, einer von zwei deutschen, die untereinander »besondere Beziehungen« haben. Sie haben auch eine gemeinsame Grenze, die aber, ungeachtet des Bestehens zweier deutscher Staaten, keine Staatsgrenze sein darf. Das ist, der »besonderen Beziehungen« wegen, das Besondere an ihr. Dann haben wir im Westen eine Grenze, an der niemand rüttelt, und die DDR hat eine Grenze im Osten, an der zwar die DDR nicht rüttelt, aber einige Leute bei uns, mit dem Ergebnis, daß die DDR zwar ihre erst nur von ihr, später auch von uns anerkannte Ostgrenze hat, beide gemeinsam aber eine ganz andere Ostgrenze haben sollen, was mit dem Friedensvertrag, den wir nicht bekommen haben, um den wir aber auch nie gebeten haben, zusammenhängt – und mit unserer Verfassung.

Unsere Verfassungsmütter und -väter, die es, wie gesagt, besser machen wollten, haben ihre blauen Augen vor den bestehenden Tatsachen verschlossen und beschlossen, auch für die zu handeln, »denen mitzuwirken versagt war«, diejenigen also, die sich einen anderen, den anderen deutschen Staat gemacht haben; und sie haben das deutsche Volk aufgefordert, »in freier Selbstbestimmung die Einheit und Freiheit Deutschlands zu vollenden«, was heißt, daß wir »für eine Übergangszeit« damit schon begonnen haben, die andern aber nicht.

Diese schönen, realitätsblinden Sätze der Bessermacher haben es im Juli 1971 dem Bundesverfassungsgericht ermöglicht, unwiderrufbar zu verkünden, das Deutsche Reich existiere fort. Es hat aber nicht gesagt, wo und wie, sondern nur daß. Wie der Zauberkünstler die Taube aus seinem Zylinder, so haben sie es aus ihren Baretten gezogen, und wir sind gezwungen daran zu glauben wie an des Kaisers neue Kleider.

Da ist es also in seinen Grenzen von 1937, als wäre damals die Welt stehengeblieben, als hätten wir nicht erst aus diesem Deutschen Reich das Großdeutsche Reich und danach einen Trümmerhaufen gemacht, ganz abgesehen von den Trümmerhaufen, die wir sonst noch in Europa und anderswo hinterlassen haben. Das waren ja nicht wir, das deutsche Volk in seinen Stämmen oder Ländern, wir haben das wirklich nicht gewollt, es ist mit uns gemacht worden, das könnten die Herren, die sechs lange Jahre gegen uns haben kämpfen dürfen, doch endlich einsehen und uns das alte Reich in seinen alten Grenzen wiederschenken.

Solange sie das nicht tun, mit ihrer eigensinnigen Weigerung, einen Friedensvertrag mit uns zu schließen, haben wir wenigstens das Urteil des Bundesverfassungsgerichtes, unsere Staatsangehörigkeit, die uns nicht etwa als Bürger des Staates ausweist, in dem wir leben, nämlich als Bürger der BRD, sondern als Deutsche, womit wir entweder Angehörige zweier Staaten oder gar nichts wären, und unsere Schulatlanten, die sich, wenn es nach dem Willen der Bayern geht, von den Atlanten der restlichen Welt unterscheiden werden.

Es könnte so einfach sein, wenn man sich darauf beschränkte, den Schülern beizubringen, was ihrer, unserer Wirklichkeit entspricht: die Bundesrepublik in ihren Staatsgrenzen, östlich davon die Deutsche Demokratische Republik in ihren Staatsgrenzen und östlich von ihr Polen in seinen Staatsgrenzen. Aber so soll es nicht mehr sein. Bayern weigert sich, Atlanten für den Schulgebrauch zuzulassen, in denen die Grenze zwischen BRD und DDR als Staatsgrenze erscheint und in denen die Grenzen von 1937 nicht eigens eingezeichnet sind, und zwar auf allen Karten. Was kümmert die Bayern, daß die DDR und Polen darüber ein wenig anders denken oder daß wir im Warschauer Vertrag die Oder-Neiße-Linie als die »westliche Staatsgrenze der Volksrepublik Polen« anerkannt haben? Für sie haben die Polen die ehemals deutschen Gebiete östlich der Oder-Neiße-Linie nicht, sie verwalten sie nur, so wie die Südafrikaner einmal Deutsch-Südwest verwaltet haben.

Wer das revanchistisch nennen wollte, müßte wohl ein Verfassungsfeind sein. Wer wünschte, daß die Deutschen endlich die von ihnen selbst herbeigeführten Tatsachen anerkennten, wäre wohl kein Deutscher. Wer aber glaubt, daß wir etwas gelernt und es diesmal besser gemacht und nicht wieder den Wahnsinn abgelebter Zeiten in unserem neuen Bau eingebracht hätten, dem ist nicht zu helfen.

Juni 1980

Der Hinterhof

Die feinen und reichen Leute wohnen vorne, zur Straße hin; im Hinterhof sitzen die Schlechtweggekommenen, die nichts zu brechen und nichts zu beißen haben. Vorne ist das Geld und hinten das Elend, aber wenn die Leute im Hinterhof auf den Gedanken kommen sollten, daß das nicht Gerechtigkeit ist, daß sie am Ende ausgenutzt und ausgebeutet werden, müssen sich die Herrschaften etwas einfallen lassen, damit alles so bleibt, wie es gut für sie ist. Nichts ist für sie so gefährlich wie ein Bewußtsein, das bare Münze aus dem Geplapper von der Selbstbestimmung des Menschen und der Völker schlagen will. Es ist auch unfein und ungehörig, diejenigen beim Worte zu nehmen, die den Nutzen von ihren großen Worten haben.

Daß die Nordamerikaner rastlos für die Befreiung der Völker sich einsetzen, werden sie nicht müde, uns zu versichern. Sie sind aufs Ganze gesehen nicht schlecht dabei gefahren; sie sind sehr mächtig geworden, und sie nutzen ihre Macht, wo immer ihnen das dienlich ist. In der Tat haben sie das Ihre dazu getan, die Welt von der Pest des deutschen Faschismus zu befreien, und sie sähen es wohl auch ganz gerne, wenn ihnen das mit dem Kommunismus ebenso glückte, weil sie ja nicht bloß ihre eigene Freiheit, sondern die Freiheit aller erstreben, auf dem Papier. Im Norden haben sie wenig zu tun, denn die Kanadier schaffen es allein, Wohlstand und Wohlanständigkeit zu erzeugen. Um so mehr haben sie im Süden zu tun, in ihrem Hinterhof, der zwar arm, bitterarm, ist und ganz und gar nicht wohlanständig, aber in all seiner Armut offensichtlich äußerst gefährlich, wegen seiner Instabilität.

Im Hinterhof müssen sie für Ordnung sorgen, und zwar für eine Ordnung, die diesen Hinterhof in einem Zustande beläßt, der ihnen, den Nordamerikanern angenehm ist. Auf keinen Fall darf dort etwas passieren, was den Interessen der nordamerikanischen Wirtschaft und der fast absoluten nordamerikanischen Hegemonie widerspricht. Der ganze riesige Subkontinent inclusive Mittelamerika und der Karibik hat kein Recht, seine Geschicke nach eigenem Gutdünken zu bestimmen, er hat für die USA dazusein, und sonst nichts. Keine Diktatur ist so verbrecherisch, daß die freiheitsliebenden Gringos sich vor ihr ekelten; sie haben sie alle unterstützt und ausgenutzt und sich höchstens einmal verwundert gefragt, warum die von ihnen eingesetzten oder geförderten Gewaltherrscher so wenig Sympathien genössen und wohl auch verdienten. Sie haben sie mit Waffen versorgt, sie haben ihre Geheimpolizei geschult, sie haben von Zeit zu Zeit ein wenig Kapital in die unterentwickelten Länder gebracht und schnell ein Vielfaches davon wieder herausgeholt.

Den Mexikanern haben sie ihr halbes Land weggenommen, die Portoricaner haben sie bloß zu Bürgern der Vereinigten Staaten gemacht. Als sie fanden, daß eine Seeverbindung zwischen dem Atlantik und dem Pazifik ihrem Handel nützlich sein müßte, haben sie schnell einen neuen, ihnen hörigen Staat erfunden, Panama, das bis dahin den Kolumbianern gehört hatte, die dafür 25 Millionen Dollar vergütet bekamen. Sie haben die Cubaner von der spanischen Herrschaft befreit und sich zum Lohn für alle Zeiten in Guantanamo festgesetzt, weil sie diesen »Stützpunkt« einfach brauchen. Wenn die Dinge mit Bestechung nicht ihren gewünschten Gang gingen, schickten sie ein Kriegsschiff, oder sie ließen, wie in Guatemala, die ihnen unerwünschte, weil reformistische Regierung durch eine Privatarmee der United Fruit Company stürzen.

Sie haben mit ihrem Großen Knüppel getan, was eine Weltmacht nur tun kann, um sich zu bereichern und im Namen der Freiheit Unfreiheit zu schaffen. Einer ihrer harten Burschen, Smedley D. Butler, hat 1935 geschildert, wie das gemacht worden ist: »Ich habe 33 Jahre und 4 Monate im aktiven Dienst als Mitglied der gewandtesten Militärkraft dieses Landes verbracht: des Marineinfanteriekorps. Ich habe in allen Rangstufen gedient, vom Unterleutnant bis zum Divisionsgeneral. Und im Verlaufe dieser ganzen Periode übte ich meistens die Funktion eines Gangsters erster Kategorie für die große Geschäftswelt, für Wallstreet und die Bankiers, aus. Mit einem Wort, ich war ein Gangster des Kapitalismus. So habe ich zum Beispiel 1914 dabei geholfen, daß Mexico und ganz besonders Tampico eine leichte Beute für die nordamerikanischen Erdölinteressen würde. Ich habe dabei geholfen, daß Haiti, Cuba und Nicaragua Plätze zum Kassieren der Renten der National City Bank und für das Bankhaus Brown Brothers würden. 1916 habe ich im Namen der nordamerikanischen Zuckerinteressen das Licht in die Dominikanische Republik getragen. 1903 habe ich dabei geholfen, Honduras zum Besten der nordamerikanischen Obstgesellschaften zu ›befrieden‹.« Das ist eine kleine Auswahl, und Butler war nur einer von vielen, zu einer Zeit, in der die USA ihre Interventionspolitik noch nicht durch die CIA oder durch »Militärberater« betrieben.

Wer immer Präsident der Vereinigten Staaten sein mag, ihre Hinterhofpolitik bleibt sich treu, seit ihr fünfter Präsident 1823 die sogenannte Monroe-Doktrin verkündet hat. Sie war ein Gewaltmittel, die Europäer von jeder Einmischung fernzuhalten, und sie behauptete, daß es als unfreundliche Gesinnung gegen die USA angesehen werden müsse, wenn die Europäer amerikanische »Regierungen, welche ihre Unabhängigkeit erklärt und behauptet und deren Unabhängigkeit wir nach reiflicher Überlegung und auf gerechte Grundsätze gestützt anerkannt haben« zu unterdrücken suchen sollten. Die reifliche Überlegung und die gerechten Grundsätze allerdings haben den USA in den seither vergangenen anderthalb Jahrhunderten viele Möglichkeiten der Interpretation gegeben, bis hin zu dem famosen Bekenntnis Reagans, in Nicaragua sei von den Sandinisten eine »legale« Regierung (die des Diktators Somoza) gestürzt worden.

»Legale« Regierungen waren die von Papa Doc oder von Batista,

»Wir sind deshalb der Offenheit und der freundschaftlichen Beziehungen zwischen den Vereinigten Staaten und jenen Mächten die Erklärung schuldig, daß wir irgendeinem Versuch ihrerseits, ihr System auf einen Teil dieser Hemisphäre auszudehnen, als unserem Frieden und unserer Freiheit gefährlich betrachten.« (aus der MONROE-DOKTRIN)

die »ihre« Länder in Schlachthäuser verwandelten, aber kaum war der frei gewählte Allende der Vertreter einer »legalen« Regierung, und Fidel Castro ist es schon gar nicht, denn »legal« sind nur die Regierungen, die nichts gegen die Interessen der nordamerikanischen Wirtschaft unternehmen, mag in ihrem Namen auch noch so viel gemordet und gefoltert werden. Wer aber nicht hören will, der muß fühlen – er wird seinen Zucker nicht mehr los oder sein Kupfer nicht oder sein Blei oder seine Bananen.

Perón in Argentinien hat versucht, die alten Strukturen aufzubrechen; es ist ihm nicht gut bekommen, aber wenigstens war er in den Augen der Herren in Washington bloß ein Faschist. Castro dagegen ist etwas viel Schlimmeres, ein Kommunist, aber selbst wenn er das wäre, wogegen einiges spricht, dann hätten ihn allein die Nordamerikaner dazu gemacht. Er hat es an Wohlverhalten fehlen lassen, und nichts war leichter, als ihn in die Arme der UdSSR zu treiben. Es gab auf dieser Insel so gut wie nichts, das nicht aus den USA importiert worden wäre, und ebenfalls so gut wie nichts, das nicht in die USA exportiert worden wäre. Fidel, du bist nicht brav, dann bekommst du keine Ersatzteile mehr, und deinen Zucker kannst du verhökern, wo du willst. Geholfen haben ihm nur die Russen, ohne daß er sehnlichst auf russische Hilfe gehofft hätte. Es blieb ihm nichts anderes übrig, aber eben dadurch wurde er zum Kommunisten und damit zum gefährlichsten Feind der USA, die es überhaupt nicht kümmert, ob einer den Analphabetismus beseitigt oder die wenigen Güter ein wenig gerechter verteilt, weil das ihre Gewinne beeinträchtigt.

»Regierungen gegenüber, welche ihre Unabhängigkeit erklärt und behauptet und deren Unabhängigkeit wir nach reiflichen Überlegungen und auf gerechte Grundsätze gestützt anerkannt haben, können wir die von irgendeiner europäischen Macht zum Zwecke der Unterdrückung oder der Kontrollierung ihres Geschicks unternommene Einmischung in keinem anderen Lichte als in dem einer unfreundlichen Gesinnung gegen die Vereinigten Staaten betrachten.« (aus der MONROE-DOKTRIN)

Auf ähnliche Weise ist Allende zum Kommunisten gestempelt worden, Allende, der ein eher bürgerlicher Anhänger des Sozialdemokratismus war. Die CIA hat mit Kissingers Segen ihr Bestes getan, um ihn zu stürzen; vielleicht war sie auch nicht unschuldig an seiner Ermordung. Trotzdem: Chile lag weitab, Mittelamerika liegt fast vor der Haustür. Ein zweites Cuba darf es dort nicht geben, was heißt, daß die Sandinisten in Nicaragua, auch sie inzwischen »offen prosowjetisch und procubanisch«, mit dem Rücken zur Wand kämpfen und ihr Ende kommen sehen. Und was wäre erst, wenn es nicht nur das eine Cuba und das andere Nicaragua gäbe, sondern auch noch das dritte El Salvador? Eine ungeheuerliche Bedrohung der ohnmächtigen Vereinigten Staaten, in denen die Meinung vorherrscht, daß die Wohlfahrt nicht gedeihen könne, wo sich die Völker selbst befreien. In El Salvador wird gekämpft wie vorher in Nicaragua und auf Cuba gekämpft worden ist, von solchen, die nichts zu verlieren haben als ihre Ketten. Und die wollen sie in der Tat verlieren, zum Leidwesen der Nordamerikaner, die unter Reagan versuchen, die Welt noch einmal auf ihr Kommando hören zu lassen. Ach, es ist nicht bloß das Deutsche Wesen, an dem besser niemand genäse.

Reagans Panzerknackerbande ist dabei, blutigen Ernst zu machen. Raketenrüstung gegen den Störenfried UdSSR und Interventionen in Mittelamerika. Wenn die Rechten nordamerikanische Nonnen umbringen, zieht kein Marineinfanterist seine Stiefel an, aber wenn Mittelamerika sich zu befreien versucht, wird der Große Knüppel aus dem Sack geholt, denn eine solche Befreiung könnte die Sicherheit der Weltmacht gefährden. Die »Militärberater« und die Waffenlieferungen für durchaus korrupte Regime tun es nicht länger, und schon wird laut darüber nachgedacht, wann Landtruppen, wann die Luftwaffe, wann die Marine in die inneren Auseinandersetzungen in Nicaragua und El Salvador eingreifen sollen. Auf wessen Seite wir da stehen werden, hat Helmut Kohl längst entschieden: auf der unserer Befreier und Glücksbringer, die den Lateinamerikanern noch nicht einen glücklichen und freien Tag bereitet haben. Als treue Verbündete (oder Satelliten) werden wir dem Morden beifällig zuschauen und danach wieder einen Vorwand mehr haben, eigene Verbrechen zu verdrängen.

Juli 1983

Ich esse meine Suppe nicht

Pünktlich zum 50. Jahrestag des Überfalls auf Polen sorgt man
sich in Bayern wieder einmal ums rechte Geschichtsbewußtsein.
Die deutsche Frage sei immer noch offen – so weit wie manch
Politikergesäß.

Am 1. September haben wir also zurückgeschossen, nach Polen, das
wir unbedingt als Siedlungsgebiet für unsere Jungbauern brauchten,
wie jedermann einsehen konnte. Glücklicherweise waren die Polen
nicht bloß dumm, sie waren auch noch frech und griffen uns an –
hat wenigstens Hitler behauptet. Allerdings waren die Polen in Wahrheit weder so dumm noch so frech, sie hatten gar nicht geschossen
und wir somit keinen Grund zurückzuschießen. Aber Polen war klein
und ziemlich weit weg von seinen Schutzmächten; da konnte man
es ja wieder einmal probieren.

Die Sache ging schief und endete mit der bedingungslosen Kapi-
tulation. Sie ging nicht nur schief, weil die anderen die stärkeren Ba-
taillone hatten, sie ging auch schief, weil wir an diesem 1. September
begannen, unsere Verbrechen in großem Stil ins Ausland zu exportieren, wenn man Österreich und die Tschechoslowakei einmal außer
acht läßt. Als wir dort einrückten, haben die anderen zugeschaut und
uns sogar ein bißchen Recht gegeben, die neuen Grenzen hingenom-
men oder anerkannt. Als wir in Polen einrückten, war es zu Ende
mit dem Hinnehmen und Anerkennen. Unsere Grenze nach Osten
haben wir selbst annulliert, den sogenannten »cordon sanitaire«,
der uns und Westeuropa von der Sowjetunion trennte, zerstört, mit

dem Ergebnis, daß die Westmächte einsahen, es sei sehr viel wichtiger, sich vor uns als vor den Russen zu schützen.

Die Suppe, die viele noch immer nicht essen wollen, haben wir uns selbst eingebrockt, an der Verschiebung unserer Grenzen ist kein anderer schuld als wir selbst, und das gebetsmühlenhafte Reden von Deutschland in den Grenzen von 1937 kommt leider zu spät. Das war eine Chance, die wir verspielt haben. Ein halbes Jahrhundert hätte genügen sollen, uns mit diesem Gedanken vertraut zu machen, uns bewegen sollen, uns endlich abzufinden mit dem, was ist. Es haben sich wohl auch längst die meisten abgefunden und sich in dem für immer eingerichtet, was angeblich ein Provisorium sein sollte. Eine kleine extreme Minderheit allerdings hat sich nicht abgefunden, alte Männer und Frauen, hinter denen junge Männer und Frauen herlaufen, stolz darauf, daß sie Deutsche sind. Ein politisches Potential, von dem sich unsere Konservativen das Wasser nicht abgraben lassen wollen.

Wen kann es da wundern, daß sich wieder einmal die Bayern entschlossen an die Spitze derer gestellt haben, die die Augen vor der Wirklichkeit verschließen. Zugegeben, das bayerische Interesse am ehemaligen deutschen Osten ist relativ jung und aus der bayerischen Geschichte allein nicht zu erklären, aber die bayerische Mehrheitspartei findet nun einmal tiefe Befriedigung darin, äußerste rechte Wunschträume zu erfüllen, schon weil das ihre Bonner Schwesterpartei nicht immer kann und darf.

Aus gegebenem Anlaß hat die Bayerische Landeszentrale für Politische Bildungsarbeit die deutsche Frage entdeckt. Der Deutsche Lehrerverband nämlich hat gewünscht, daß die deutschen Schüler gründlich auf das vierzigjährige Bestehen von DDR und BRD vorbereitet würden, damit das »Vakuum an deutschlandpolitischem Bewußtsein« ausgefüllt werden könne. Unsere Schüler haben andere Vorstellungen, als sie haben sollen, mehr als die Hälfte von ihnen hält die DDR für Ausland. Ob der verbleibende Rest die DDR für Inland hält, wird nicht gesagt, und es wird auch nicht gesagt, was sie ist, wenn sie Ausland nicht sein darf und Inland nicht sein will. Ein ziemlich deutsches Problem, eins mehr.

Wir hatten schon einmal ein ähnliches, ebenso fiktives. Das war die »jüdische Frage«, die es auch nicht gab, die wir aber trotzdem auf unsere Weise gelöst haben. Da gibt es nichts mehr zu tun, und wohl deswegen machen wir uns an die Lösung der deutschen Frage, die uns ein wenig schwerer gemacht werden wird. Zunächst einmal stellen wir sie, und das ist schon etwas. Beantworten nämlich, das wissen selbst die Bayern, kann sie keiner, was die Bayern wiederum nicht daran hindert, ihren beiden Materialbänden den Untertitel »Antworten auf die deutsche Frage« zu geben. Die deutsche Frage, zeigt sich schnell, ist zweigeteilt wie das deutsche Vaterland selbst: Abteilung 1, die deutsche Teilung, Abteilung 2, die Grenze im Osten, für die bisher vor allem unsere Berufsflüchtlinge mit ihrem Slogan »Schlesien bleibt deutsch« zuständig waren. Für diese These soll es einen Rechtsstandpunkt geben, der freilich den kleinen Fehler hat, daß ihn jenseits der Grenzen der Bundesrepublik kaum jemand teilt.

Mit der Wirklichkeit hat er wenig zu tun. Er gründet sich auf eine Reihe von Fiktionen: das Deutsche Reich habe 1945 als staatliches Gebilde zu existieren nicht aufgehört, eine reine Behauptung, die uns mehr Verdruß als Gewinn gebracht hat, sodann: die endgültigen Grenzen sollten erst in einem späteren Friedensvertrag festgelegt werden, schließlich: die ehemaligen Ostgebiete seien vor allem den Polen – bei den Russen sind diese Leute vorsichtiger – nur zur vorläufigen Verwaltung anvertraut worden. Die Vorstellung, daß ein Friedensvertrag in fünfzig oder in hundert Jahren (oder höchstwahrscheinlich nie) längst bestehende und kaum widerrufliche Tatsachen rückgängig machen könnte, hat etwas Abenteuerliches. Und damit auch die Vorstellung von einem geeinten Deutschland in den Grenzen von 1937, die zwar von den Alliierten erwähnt worden sind, aber nicht so, daß sich ein Rechtstitel daraus machen lassen könnte. Wir haben zu viele

»Denk' ich an Deutschland in der Nacht,
dann bin ich um den Schlaf gebracht.«
Heinrich Heine, 1843

Unrechtstitel in der Hand, als daß wir uns auf einen vermeintlichen
Rechtstitel berufen könnten – schon gar, wenn wir behaupten, die
Rechtsnachfolge des Deutschen Reiches angetreten zu haben.

Eindeutiger ist da schon der Text der Berliner Erklärung vom
Juni 1945, in der es heißt, die Alliierten würden »später die Grenzen
Deutschlands oder irgendeines Teiles Deutschlands und die rechtliche
Stellung Deutschlands oder irgendeines Gebietes, das gegenwärtig
einen Teil deutschen Gebietes bildet, festlegen«. Entweder haben sie
das faktisch längst getan oder wir können warten, bis wir so schwarz
sind wie die Bayern, daß sie es rechtlich tun.

Nichts wird dadurch leichter, daß durch unser eigenes Handeln
neben die Fakten längst auch Recht getreten ist. Sowohl wir als auch
die DDR haben Polens augenblickliche Grenzen anerkannt, wir
haben versichert, daß wir keinerlei Gebietsansprüche gegen Polen
hätten und solche auch in Zukunft nicht erheben würden. Das heißt,
wir haben Verträge geschlossen und sollten jeden bösen Schein mei-
den, daß wir Verträge zu halten nicht willens seien. Besser gäben wir
zu, daß wir nach allem, was wir angerichtet haben, relativ gut wegge-
kommen sind und daß wir uns in den bestehenden Grenzen ziemlich
gut eingerichtet haben, auf jeden Fall besser als unsere ehemaligen
Opfer in den ihren.

So denkt allerdings nicht die schon erwähnte Bayerische Landeszentrale. Zur Unterrichtung von Lehrern und Schülern gibt sie ihrem
Material eine Deutschland-Karte bei mit dünnen Ländergrenzen,
einer etwas dickeren Grenzlinie gegen die DDR, einer noch dickeren
gegen die heutigen polnischen Westgebiete, aber einer ganz dicken,
roten, die den Gebietsstand von 1937 wiedergibt. Überschrift: Die

völkerrechtliche Lage Deutschlands. Die Karte verweist darauf, daß der nördliche Teil Ostpreußens de facto in die Sowjetunion eingegliedert, die anderen ehemaligen deutschen Ostgebiete de facto an Polen angegliedert seien, womit suggeriert wird, daß sie de jure nicht eingegliedert und angegliedert seien. Der Nutzen dieser feinsinnigen Unterscheidung ist schwer verständlich, es sei denn, es ginge um den Nutzen der Revanchisten. Das Insistieren auf dem Unterschied zwischen völkerrechtlichen Vereinbarungen und tatsächlichem Zustand nimmt sich im Munde derer, die alles Völkerrecht gebrochen und sich nur der Bewunderung der von ihnen geschaffenen Tatsachen hingegeben haben, naiv oder blasphemisch aus. Es versucht, eine längst verheilte Narbe wieder aufzubrechen, den Ewiggestrigen Öl ins Feuer zu schütten, dem Wahn nachzuhelfen, alles könne sich ja noch einmal ändern, es gebe für uns im Osten wieder einmal noch etwas zu holen.

Wer so argumentiert, übersieht, daß wir beides nicht haben können: die Wiedervereinigung und die Ostgebiete. Schon die Vereinigung mit der DDR, die von ihr und uns gewünscht werden müßte, liegt nicht im Interesse der Siegermächte, und es ist fraglich, ob sie in unserem liegt. Angenommen, es käme vor dem Sanktnimmerleinstag zu ihr, dann würden die, die sie uns gewährten, sie uns nicht gewähren, wenn wir auch noch auf den Grenzen von 1937 herumritten. Sie können, nach all dem, was wir den Polen angetan haben, auch in hundert Jahren Polen nicht um unseretwillen zerstören. Was immer Recht und Völkerrecht sein mag, die politische Vernunft verböte es.

Aus diesem Grunde zieht sich der verantwortliche Autor der beiden bayerischen Broschüren so energisch auf das Recht zurück. Es ist abstrakt und außerdem sein Fach. Er lehrt in München Völkerrecht und hat den Freistaat Bayern vor dem Bundesverfassungsgericht bei dessen Klage gegen die Ostverträge der sozialliberalen Koalition vertreten. Damals ist er unterlegen, hat aber nicht aufgegeben. Er läßt nicht locker und versucht es immer wieder von neuem, in der Hoffnung, daß der Wind sich einmal drehen wird. Er hat sich gedreht. Neben Czaja und Hupka sind die Republikaner getreten, Waigel hat sofort in ihr Horn gestoßen. Kohl hält sich bedeckt, sympathisiert aber, und alle miteinander versuchen sie eine Sache ehrlich zu machen, die ehrlich nicht ist, die nichts ist als eine Chimäre, die uns ablenkt von den Problemen, die wir wirklich haben und die wir wirklich lösen müßten. Das alles unter dem Titel: »Denk ich an Deutschland«.

September 1989

Die Zwickmühle

Bündnisfall oder doch? Mitmachen oder andere fürs Sterben
bezahlen? Wie auch immer – ein Weltkrieg ohne Deutschland ist
einfach kein richtiger Weltkrieg.

In einem Schauspiel von Calderón, das zufällig den Titel trägt ›In
diesem Leben ist alles Lüge und alles Wahrheit‹, sagt der Fürst Fede-
rico: »Das letzte Mittel der Könige sind das Pulver und die Kugeln«.
Hundert Jahre später ließ ein anderer Friedrich seine Bronzekanonen
mit der Devise »Ultima ratio regis« schmücken. Seitdem sind auch
wieder zweieinhalb Jahrhunderte vergangen, und der Glaube an die
Sprache der Waffen hat nachgelassen. Nicht bei allen freilich.

Während die einen den Krieg verachten und zu ächten versuchen,
nutzen die anderen ihre Chance, um Beute zu machen, immer natürlich im Namen des Rechtes und der Gerechtigkeit, denn wo wäre
der, der zugäbe, daß sein Krieg ein Verbrechen und eine Schande ist.
Es gibt so viele Möglichkeiten: das eine Mal sollen Ruhe und Ordnung wieder hergestellt werden, das andere Mal soll die rechte Gesinnung verbreitet werden, aber am liebsten scheinen allen die Kriege
zu sein, in denen es um historische Ansprüche geht, angeblich. Es
geht immer um Macht.

Von denen, die den Zweiten Weltkrieg erlebt haben, dürfte kaum
einer gehofft haben, daß Europa danach fast ein halbes Jahrhundert
von Kriegen verschont bleiben würde (wenn man einmal die Kolo-
nialkämpfe, die blutig unterdrückten nationalen Aufstände, die Bür-
gerkriege außer acht läßt). Selbstverständlich blieb das nun friedfertige
Europa hochgerüstet und bis an die Zähne bewaffnet, aber es lernte,

sich an den trügerischen Frieden zu gewöhnen, es gewann ihn lieb und hielt ihn für den Normalzustand. Allen voran die Deutschen, Musterknaben auch diesmal. Nur hat ihnen jetzt jemand einen Strich durch die Rechnung gemacht, und plötzlich sind ihre Waffen keine Kinderspielzeuge mehr für Sandkastenspiele, sondern Waffen, die Tod bringen sollen. Noch glauben sie, daß sie so richtig nicht mit von der Partie seien, aber sie stecken mitten darin, ob sie wollen oder nicht.

Gefragt hat sie niemand, die meisten anderen übrigens auch nicht, sondern es scheint alles so gekommen zu sein, ein Krieg in den die halbe Welt angeblich hineingeschlittert ist, ein Krieg, der doch bloß als Strafaktion kleineren Maßstabes geplant war, von dem Weltfeldwebel auf der einen Seite und einem bedenkenlosen Diktator auf der anderen Seite. Vergessen sind alle Lehren aus allen Kriegen, vergessen ist die Erkenntnis, daß es sinnlos ist, das zu zerstören, was gerettet werden soll. Es darf wieder gestorben werden, aber es sterben nicht die, die den Krieg gewollt haben, die ihn arrangiert haben – die werden ihn überleben, weil sie die Möglichkeit haben, andere sterben zu lassen, sich zu Krüppeln bomben zu lassen, zu ersticken, zu verhungern, an Seuchen zugrunde zu gehen oder auch nur vor Angst umzukommen.

Saddam hat alles billigend in Kauf genommen, wohl aber gehofft, es werde so schlimm nicht kommen, wenn aber doch, dann würde für das Schlimmste er sorgen. Da tauchten Erinnerungen an einen anderen auf, den niemand gestoppt hatte, als es noch einfach gewesen wäre, und der ebenfalls keine Bedenken hatte, die halbe Welt zu zerstören. Sein Krieg allerdings wurde innerhalb seines Kulturkreises von kaum jemandem für vernünftig gehalten, während die arabische Welt es an Sympathie für Saddam so wenig fehlen läßt, daß man befürchten muß, auch diejenigen, die ihn aus mancherlei Gründen stoppen möchten, könnten unter dem Druck der eigenen Bevölkerung auf seine Seite gezogen werden.

»Habt ihr schon gehört, der Krieg ist aus. Alle Männer ziehn betrübt nach
Haus. Aber sie werden sich freu'n, 's gibt bald wieder 'neu'n!«
volksgut

Ein paar Monate lang sah es so aus, als werde die Vernunft sich behaupten können, als wolle man es bei der Kriegsdrohung belassen
und das Embargo seine Wirkung tun lassen. Es wirkte ungeahnt gut,
aber da gab es Leute, die dem Frieden nicht trauten und darauf spe-
kulierten, daß es je länger je mehr durchbrochen werden würde, von
eben jenen, die sich auch im Kriege als unsichere Kantonisten erweisen könnten. Dann lieber Krieg. Daß die Vereinigten Staaten, nicht
länger gehindert durch die zerfallende UdSSR, ihn wollten, kann
kaum bezweifelt werden. Die UNO hat sich ihren Argumenten ge-
beugt, ohne mit dem zu rechnen, was jetzt ist. Eben ein Krieg, den
sich keiner so vorgestellt hat, der mit nichts anderem enden kann als
mit einer Katastrophe, gegen die die Verwüstungen des Zweiten Weltkrieges ein Laienschauspiel waren.

Es haben überall diejenigen recht, die nach Waffenruhe verlangen,
nach langwierigen und vielleicht hoffnungslosen Versuchen, durch
Verhandlungen zu erreichen, was sich erreichen läßt oder nicht. Geht
der Krieg weiter, dann wird es einer werden, den die USA unter keinen Umständen werden verlieren wollen. Sie werden sich diesmal
nicht zurückziehen wie aus Korea oder aus Vietnam, und da sie es
mit einem ganz und gar bedenkenlosen Gegner zu tun haben, werden
auch sie bedenkenlos werden und schließlich zu ihrem dicksten Knüppel greifen. Dann wird von Kuweit und dem Irak nicht mehr viel
übrig sein als Wüste ohne mögliches Leben, und die Araber werden
kaum eine Möglichkeit sehen, mit den so gesitteten Erstweltländern
friedlich zusammenzuleben.

Indien, China und die UdSSR werden sich nicht hineinziehen lassen,
aber Europa und damit auch die Bundesrepublik wird hineingezogen

werden, ist längst hineingezogen, unmerklich, Schritt für Schritt, als sei es unausweichlich. Die Deutschen haben gedacht, sie könnten sich auf schweizerische Art heraushalten. Sie haben gelähmt ein halbes Jahr verstreichen lassen ohne auch nur den geringsten Versuch, Einfluß auf das Geschehen zu nehmen, und jetzt sind auch sie dran. Geld hätten sie schon gegeben, aber mehr lieber nicht. Und wenn doch mehr, dann möglichst symbolisch. Erst ein paar Kriegsschiffe ins Mittelmeer, aber dann schon gar nicht mehr symbolisch Flugzeuge in die Türkei, schließlich Waffen überall hin, Verteidigungswaffen für Israel, Angriffswaffen für die Alliierten. Führen wir Krieg? Offiziell nicht. Und inoffiziell?

Die kleinen Schritte haben es gemacht. Es könnten große Schritte werden. Unsere Verbündeten und Nichtverbündeten waren großzügig, als es um das große Deutschland ging, da müssen wohl jetzt wir ebenso großzügig sein und uns als das erweisen, was wir solidarisch nennen. Unsere Regierung, die nichts getan hat, um diesen Krieg zu verhindern, die unserer Verfassung wegen Krieg nicht führen dürfte, möchte jetzt am liebsten den Krieg per Verwaltungsakt durchboxen, wie die Einigung. Das Parlament? Wo käme man da hin. Noch besteht die Opposition zu Teilen auf ihre garantierten Rechte, aber schon wird sie belehrt, diese Rechte stünden ihr nur im Verteidigungsfalle zu, aber um Verteidigung handle es sich ja gar nicht, sondern um den Bündnisfall. Mit anderen Worten: Würde die Bundesrepublik angegriffen, dürfte das Parlament mit Zweidrittelmehrheit den Krieg beschließen oder ablehnen, greift aber die Bundesrepublik an, kann die Regierung aus eigener Machtvollkommenheit den Angriff verordnen. Eine absurde These, die vor dem Verfassungsgericht landen wird. Wenn dann noch Zeit ist. Der kranke Mann am Bosporus wird es uns richten. Er hockt schon in den Startlöchern, in der Hoffnung auf neue nationale Größe.

Unser Problem ist aber weniger die angegriffene oder angreifende Türkei als vielmehr Israel. Israel ist kein Bündnisfall, wie unsere Politiker so schön sagen, sondern etwas ganz anderes. Was geschieht, wenn Israel militärische Hilfe braucht, weil Saddam es in seinen eigenen Untergang hineinziehen will? Wenn der Außenminister als Bankbote, wenn die Betroffenheitsapostel aus allen Fraktionen mit ihrem Polittourismus, wenn alle schönen Reden sich als das erweisen, was sie sind? Wenn also Israel so angegriffen würde, daß es sich aus eigenen Kräften und mit den vorhandenen Kräften der Alliierten nicht mehr wirksam verteidigen könnte?

Wollen dann die Deutschen zuschauen, weil sie keine Bündnisverpflichtung haben, wollen sie ansehen, tatenlos ansehen, wie die wenigen, die ihnen vor einem halben Jahrhundert entkommen sind, vernichtet werden, von anderen diesmal, aber eben doch wieder vernichtet? In diese Zwickmühle könnten wir kommen, nicht so ganz ohne eigene Schuld, aber um des Schuldzusammenhanges wegen, der uns mit Israel verbindet, ganz unabhängig davon, ob wir Israels schreckliche Weigerung, zur Lösung des Palästinenserproblems beizutragen, billigen oder mißbilligen. Die, die dann entscheiden müßten, ob sie für Israel kämpfen wollen, wären nicht die, die für Auschwitz verantwortlich waren, sondern deren unschuldige Enkel, während die Schuldiggewordenen, soweit sie noch leben, behaglich zu Hause ihre Pensionen oder Renten verzehren dürften. Eine beunruhigende Vorstellung und daneben eine Frage, die kaum zu beantworten ist und hoffentlich nicht wird beantwortet werden müssen.

März 1991

Ein Schaf im Wolfspelz

Ich, ich, ich: Erst hat Scharping einen schlechten Krieg gewonnen, jetzt ein noch schlechteres Buch geschrieben. Wahrscheinlich hält er beides für nobelpreiswürdig.

Der Volksmund glaubt zu wissen: wer schreibt, der bleibt. Manche nehmen das wörtlich – ein doppelter Fehler, denn die Volksweisheit bezieht sich nicht auf das Schreiben der Schriftsteller, sondern auf den Anschreiber beim Kartenspiel, dem zugetraut wird, daß er unter Umständen zu seinen Gunsten mogelt und daher am Ende als Sieger übrigbleibt. Und weiter: auch von den schreibenden Schriftstellern bleiben nur die wenigsten übrig, während das Gros nach einem kurzen Augenblick im Dunkel des Vergessens verschwindet.

Am schlimmsten ist es natürlich, wenn einer, der übrigbleiben möchte, aber ganz und gar nicht schreiben kann, schreibt, um der Welt zu erklären, was für großartige Leistungen er vollbracht hat, und schon deswegen ein Recht auf langwährendes Nachleben habe. Das ist der Fall des amtierenden deutschen Verteidigungsministers, der so viele politische Niederlagen hinter sich hat, ungerechte in seiner Sichtweise natürlich, denn in aller Wirklichkeit sei er doch ein dufter Typ, dessen übergroße Fähigkeiten seine Widersacher leider nicht erkannt hätten, weswegen sie ihn halt immer wieder abgemeiert haben.

Sein Bart hat ihn lächerlich gemacht, seine von Stürzen gezeichneten Radtouren haben ihn nicht volkstümlicher gemacht. Ja, und seine Fernsehauftritte, die ihn hilflos und schlecht unterrichtet zeigten, fast als Hampelmann, der sich hinter dem Großen Bruder verstecken mußte und nichts, gar nichts dafür konnte, daß er so vage Aussagen machen mußte. Da wußte der Zuschauer oft nicht, ob er einen Verteidigungsminister oder einen Propagandaminister vor sich hatte. Kühl und sachlich hätte der eine sein müssen, beredt und mitreißend der andere, aber Scharping war weder kühl und sachlich noch beredt und mitreißend. Er war allenfalls sentimental, schlicht und recht ein falscher Mann am falschen Platz.

Mögen ihm auch die Tugenden fehlen, die ihn zum richtigen Mann am richtigen Platz hätten machen können, ein oder zwei oder drei Eigenschaften, beileibe keine Tugenden, hat auch er: Ehrgeiz, Eitelkeit und Naivität. Die allein freilich machen keinen großen Mann und Weltbeweger. Der Ehrgeiz hat ihn sich Hals über Kopf in ein militärisches Abenteuer stürzen lassen, die Eitelkeit hat ihn bewogen, während der Jugoslawienkrise ein Tagebuch zu führen, die Eitelkeit hat ihn glauben machen, daß dieses Tagebuch ein wertvolles zeitgeschichtliches Dokument sei und daher, koste es, was es wolle, unter die Leser kommen müsse, und zwar so schnell wie möglich. Am besten schon zur Messe.

Höchst unvorsichtig. Scharping muß geglaubt haben, auf diese Weise den schlechten Eindruck, den er in seinen Pressekonferenzen gemacht hat, vergessen machen zu können, aber der Eindruck war viel zu frisch, so frisch, daß ihm kaum jemand auf den Leim gehen wird. Warten anderseits konnte Scharping aber auch nicht, denn dann hätte er sein selbstgesetztes Ziel auch nicht erreichen können. Was immer er tat, es konnte nur das Falsche sein. Daß einer, der einen so geringen Sprachschatz besitzt, der nicht über die geringsten stilistischen Fähigkeiten verfügt, ein Tagebuch führt, kann ihm niemand verweigern. Wenn er es aber veröffentlicht, sich selbstmörderisch der Öffentlichkeit ausliefert, so etwas wie einen Staatsakt daraus macht und sein Büchlein zu allem Überfluß auf der Bundespressekonferenz von seinem Kumpel Joschka Fischer vorstellen läßt, obgleich es dort nichts zu suchen hat, muß er mit dem einen und dem andern Widerspruch rechnen.

Daß gerade Fischer die Rolle des Lobpreisers zugefallen ist, kam nicht von ungefähr, denn beinahe Seite um Seite, mehr noch in den begleitenden Kommentaren, stellt Scharping sich und Joschka Fischer als die bedeutenden Macher, die Durchblicker vom Dienst dar. Manchmal darf der Kanzler den Dritten im Bunde spielen, ein Trio, das kaum vorbereitet in den Krieg hineingeschlittert ist, kein Trio infernal, eher schon ein Trio provencial. Am strahlendsten freilich erscheint der Autor selbst, der, eben noch belacht und gedemütigt, endlich eine Rolle spielen darf und nun wider Willen preisgibt, wie selig er ist, mit den Großen spielen zu dürfen, er, das verachtete Schmuddelkind.

Hingegeben wirft er mit den gerade erlernten Fachausdrücken um sich, mit »Krisenmanagement« und »Krisenprävention«, mit »UNPREDEP« und »UNPROFOR«, mit »ENDEAVOUR« und »GUARANTOR« und was dergleichen Scheußlichkeiten mehr sind. Sein liebstes Wort ist aber »Ich«, was in der Natur der Dinge liegt. Da erinnert er zwangsläufig an einen anderen exzessiven Tagebuchschreiber, der ebenfalls alles immer so darstellt, daß es ihm zum Ruhme zu gereichen scheint. Mit dem aber hat er außer der Ichbesessenheit nichts zu tun. Ein Verbrecher ist Scharping nicht, höchstens etwas bedenkenlos. Wie immer, er ist für seinen Posten zu leichtgläubig. So wie er jeder Tartarennachricht Glauben schenkt, schenkt er auch jeder Erfolgsmeldung blinden Glauben und gerät geradezu in Verzückung, wenn er immer neue Einsatzzahlen vermelden darf. Am Ende waren es stolze 37 000. Eine Zahl, die nur so zustandegekommen ist, daß jeder Flug, bemannt oder unbemannt, als eigener Einsatz gezählt worden ist.

Und was ist davon geblieben? Alle Erfolgszahlen waren falsch, um ein Vielfaches überhöht. Mit anderen Worten, der Diktator aus Belgrad hat Armee und Ausrüstung mit nur geringen Verlusten für den nächsten Schritt gerettet. Nur, der nächste Schritt kam nicht, der Einsatz von Bodenstreitkräften, den Scharping übrigens nicht wollte, aus so guten Gründen, wie der Diktator ihn erhoffte. In dem dann ausbrechenden Partisanenkrieg wäre er strahlender Sieger geblieben, Sieger über die Nato-Truppen, die noch nie einen Partisanenkrieg gewonnen haben.

Den Luftkrieg hat die Nato gewonnen, aber hat sie auch ihre Ziele erreicht? Hat sie die Destabilisierung des Balkans verhindert? Hat sie den Vertreibungen rechtzeitig Einhalt gebieten können oder sie durch ihre Bombardements nicht eher grenzenlos verstärkt? Hat sie tatsächlich für die Menschenrechte gekämpft oder sich nicht doch nordamerikanischen Interessen untergeordnet, die das letzte russische Bollwerk in Europa ausradieren wollten, ohne daß es ein UNO-Mandat dafür gegeben hätte oder hätte geben können? Darüber hat Scharping Gedanken sich nicht gemacht.

Die Bundesrepublik war zweifach gebunden, durch das Grundgesetz und durch die Zwei-plus-Vier-Vereinbarungen. Sie hätte sich bei Wahrung der Verfassung und der von ihr unterschriebenen Verträge nicht beteiligen dürfen, aber die Menschenrechte, die Menschenrechte. Beginnt man erst einmal, sich auf sie zu berufen, gibt es keinen Halt mehr, oder doch nur den Halt, der opportun scheint. Werfen wir Bomben auf die mit uns verbündete Türkei, weil sie die Menschenrechte verletzt, auf Rußland, das das ebenfalls tut? Um keinen Preis. Behandeln wir jeden Diktator, wie wir Milosevic behandeln? O nein. Wir gehen mit ihnen um, solange sie herrschen und wüten, und wenden uns höchstens geniert ab, wenn sie machtlos geworden sind.

Und noch einmal die Menschenrechte, eine sehr westliche Angelegenheit, die sich auf die schlimmsten Erfahrungen des Westens gründet. Wenn wir sie anderen aufzwingen dürfen, dürfen dann auch die anderen Überzeugungen huldigenden moslemischen Fundamentalisten ihre Überzeugungen Dritten aufzwingen? Dürften die Kommunisten, die ja auch Überzeugungen haben, diese anderen aufzwingen? Die Erde würde zum Hexenkessel, in dem jeder jeden mit Bomben in die Steinzeit zurückschicken könnte.

Auch wenn wir nichts aus dem Krieg gegen Jugoslawien gelernt haben sollten, in den wir ja einmal nicht als Aggressoren, sondern als Friedensbringer gezogen sind (meint Scharping), eine Macht hat daraus gelernt: Rußland. Es ist gerade dabei, Tschetschenien niederzubomben, und niemand hindert es daran, kann es daran hindern, weil ihm recht und billig sein muß, was der NATO recht und billig war. Andere werden es auch lernen und um Begründungen nicht verlegen sein. Eines Tages werden wir bereuen, diese Büchse der Pandora geöffnet zu haben.

November 1999

vergeht verbrechen

Erbgut

Wie der Bundesgerichtshof die Ehre der Juden zur Privatsache erhob.

Ein »Unbelehrbarer« hat in Mainz eine Plakatwand aufgestellt und an ihr ein Flugblatt angebracht, auf dem die Ermordung von Millionen Juden als zionistischer Schwindel bezeichnet war. Der Enkel eines in Auschwitz Ermordeten sah dadurch seine Ehre verletzt und hat beim Landgericht Mainz ein Urteil erwirkt, durch das dem »Unbelehrbaren« die Verbreitung solcher Behauptungen verboten wurde. Wegen Ehrverletzung, wie gesagt, nicht etwa wegen neonazistischer Lügenpropaganda. Die nämlich sollte durch den Artikel 139 des Grundgesetzes verhindert werden, wird es aber nicht.

Seit die Bundesrepublik besteht, bestreiten unsere »Unbelehrbaren« in Wort und Schrift, daß von Deutschen und in deutschem Namen rund sechs Millionen Juden verfolgt und umgebracht worden sind. Gerichtlich verfolgt werden sie deswegen nicht; historische Wahrheit scheint nicht einklagbar. Da bleibt nur der Weg über das Zivilrecht, über das nicht sonderlich eindeutige Rechtsgut der Ehre.

Schon die nächste Instanz, das Oberlandesgericht Koblenz, hat bewiesen, wessen deutsche Juristen nach wie vor fähig sind: sie hat die Klage abgewiesen, denn der Beklagte habe lediglich seine Unzufriedenheit mit den Verhältnissen der Nachkriegszeit zum Ausdruck gebracht und den Nationalsozialismus vom Makel der Kriegsschuld und des Judenmordes entlasten wollen. Gegen die Ehre der Juden hätten sich die gerügten Äußerungen nicht gerichtet. Mit diesem letzten Satz könnte das Oberlandesgericht Koblenz sogar recht haben. Die Ehre der Juden, der gemordeten wie der überlebenden, wird nicht berührt vom Abstreiten der Wahrheit. Sie ist nicht einmal von ihren Mördern berührt worden, wenngleich die sie ihnen zu nehmen versucht haben. Es gibt aber den § 189 des Strafgesetzbuches, der die Verunglimpfung des Andenkens Verstorbener unter Strafe stellt. Es gibt auch Staatsanwaltschaften, die sehr schnell bei der Hand sind, wenn ihre Vertreter aus Gründen der Staatsräson meinen, daß das Andenken namhafter Verstorbener verunglimpft worden sei. Die sechs Millionen Juden freilich sind namenlos, und die Räson dieses Staates scheint es nicht zu sein, ihr Andenken mit den Mitteln der Justiz zu schützen. Sollen das doch die erledigen, die betroffen sind oder sich betroffen fühlen. Der betroffene Enkel hat den Fall vor den Bundesgerichtshof gebracht, und dessen Sechster Zivilsenat hat nun sein Urteil gefällt. Er hat ausgeführt, daß auch einer sich durch derartige Behauptungen persönlich verletzt fühlen könne, der erst nach 1945 geboren worden sei, aber verfolgt worden wäre, wenn er vor 1945 geboren worden wäre. Das ist abenteuerlich, denn es macht ein Stück deutscher Geschichte und die Auseinandersetzung mit diesem Stück deutscher Geschichte zum Privatbesitz einzelner, es delegiert ein Recht und eine Pflicht der Gesamtgesellschaft an eine winzige Minderheit, es entstellt den Staat, der ein Rechtsstaat sein soll, zum Rechtsmittelstaat. Nimmt man diese Begründung ernst, dann folgt aus ihr, daß es unmöglich wäre, dem Mann aus Mainz sein Handwerk zu legen, wenn es keine Überlebenden gäbe, denn persönlich betroffen kann nach ihr nur sein, wer Opfer war oder Opfer geworden wäre. Alle anderen gehen neonazistische Propagandalügen offenbar »persönlich« nichts an.

Der Sechste Zivilsenat hat ausgeführt, daß die Persönlichkeit und die Ehre jedes einzelnen Juden heute beeinträchtigt würde, wenn die Massenmorde gerechtfertigt, beschönigt oder abgestritten würden. Er hat gleichfalls ausgeführt, daß eine besondere moralische Verantwortung denen gegenüber bestünde, die durch das Schicksal (womit die Nazis gemeint sind) als Personengruppe herausgehoben worden seien, und daß das Teil ihrer Würde sei. Ich weiß nicht, welche Vorstellung der Bundesgerichtshof von Ehre und Würde der Juden hat, ich habe auch nicht gehört, daß er Vergleichbares über die Zigeuner dächte, aber ich glaube zu wissen, daß die Ehre und Würde der Juden, auch jedes einzelnen Juden, nicht davon berührt wird, was ihre Mörder und die Sympathisanten ihrer Mörder denken und sagen. Ehre und Würde der Toten, denen kann auch der Mann aus Mainz nichts anhaben; die Überlebenden freilich brauchten eine Gesellschaft, die die Anerkennung des Geschehenen zu ihrer eigenen Sache macht und nicht den Gerichten überläßt.

Die Vorstellung, daß der Bundesgerichtshof die Sonderstellung der Juden durch sein Urteil für alle Zeiten perpetuiert, indem er aus denen, die als gleichberechtigte Bürger unter anderen Deutschen leben sollen, durch Erbgang potentiell Verfolgte macht, auch wenn sie nie verfolgt worden sind, diese Vorstellung ist unerträglich, sowohl für die Juden als auch für die Nichtjuden. Die Kinder und Enkel der Mörder sind keine Mörder mehr, die Kinder und Enkel der Opfer sollten keine Opfer mehr sein. Durch das, was in Mainz an der Plakatwand gestanden hat, kann allenfalls die Ehre und Würde der Bundesrepublik beeinträchtigt werden; sie, in allen ihren Bürgern, hätte sich dagegen zu wehren. Sie alle, und nicht nur – wie der Bundesgerichtshof feststellt – der Kläger, haben einen Anspruch darauf, daß Geschichtslügen wie die aus Mainz nicht verbreitet werden. Solange dafür kein Verständnis entwickelt ist, setzen wir das Dritte Reich fort. In Karlsruhe scheint es an einem solchen Verständnis zu fehlen. Die Richter des Sechsten Senats sind Gefangene der Wahnvorstellung, daß mit Paragraphen des Zivilrechts hergestellt werden könnte, was politische Wirklichkeit sein müßte. Jeder von ihnen müßte unter dem leiden, worunter der Kläger leidet. Eine Frage der Herkunft oder der Abstammung kann und darf das nicht sein. Das Leiden nicht, und nicht der Anspruch, daß solches Leiden beendet werde.

Dezember 1979

Wo sind sie geblieben?

Wenn es so populär wäre, Blutrichter wie Terroristen zu jagen, wäre der BKA-Computer sicher schon fündig geworden. Aber das Raster-Instrument vermag die Beamten nicht aufzufinden.

Der Berliner Justizsenator Meyer hat Sorgen: Er sucht 312 potentielle Straftäter und kann sie nicht finden. Sie scheinen spurlos verschwunden. Man kennt ihre Namen und Daten, aber niemand weiß, wo sie geblieben sind. Offenbar auch nicht der allwissende Mister Computer in Wiesbaden. Wenn er keine Auskunft geben kann, sollten wir uns nicht länger beschweren, daß wir in einem totalen Überwachungsstaat lebten, denn zumindest von diesen 312 Männern, die sich einmal um das deutsche Recht verdient gemacht haben, steht nun wohl fest, daß sie weder jetzt überwacht werden noch seit Bestehen der Bundesrepublik je überwacht worden sind. Die Theorien der Wahrscheinlichkeitsrechnung legen den Schluß nahe, daß die Zahl der Unüberwachten größer sein muß; wir können uns also beruhigt zu Bette legen und den Segnungen des Datenschutzes vertrauen.

Wir? Oder etwa doch nur ein paar hundert Privilegierte? Schließlich sind die 312 nicht unbedingt Leute wie wir andern. Sie haben im Gegensatz zu uns etwas getan, das nämlich, was sie Rechtsprechen nannten. Am Volksgerichtshof. Im Dritten Reich. Es waren, um die Wahrheit zu gestehen, mehr als 312. Genau: 570 Richter und Staatsanwälte, von denen also nur die reichliche Hälfte im Untergrund zu hausen scheint. Von den verbleibenden 258 sind 51 »bekannt«, das heißt, man weiß, wo sie sich aufhalten. Weitere 173 sind gewiß verstorben und noch einmal 34 »vermutlich« verstorben.

Nehmen wir an, daß der eine oder andere auf den verschlungenen, von Kirche und Kollegen gebahnten Pfaden nach Südamerika oder Spanien gelangt ist, übereilt und in einem Anflug von schlechtem Gewissen, weil er sich gesagt hat: Die werden mir am Ende unfreundliche Fragen stellen – es blieben immer noch 300, auf einen, den man als lebend ermittelt hat, sechs, die sich nicht ermitteln lassen.

Da es an Eifer keinesfalls fehlen kann, kann es nur an Geld fehlen. Wenn der Herr Rückerl in Ludwigshafen so ausgestattet wäre wie der Herr Rebmann in Karlsruhe, wenn es so populär wäre, Blutrichter zu jagen wie Terroristen zu jagen, und wenn die 312 Vermißten nicht gerade Juristen wären, ja, dann ...

Sollen wir sie überhaupt jagen? Dürfen wir sie jagen? Es wird ihnen nachgesagt, daß sie im Namen des Volkes und seines Führers 597 Urteile gefällt hätten, und wenn es stimmt, daß darunter nur 369 Todesurteile waren – gegen Miesmacher und Nörgler, Zigeuner und Rasseschänder und Untermenschen –, dann könnten wir doch Ruhe geben, zumal keiner der Gesuchten nach 1945 je wieder ein Todesurteil gefällt und somit seine gelungene Resozialisierung bewiesen hat. Es war ja eine große Zeit, so groß, daß sie 50 Millionen Tote gekostet hat. Und wir wollen uns wegen lumpigen 369 aufregen? Falls wir uns aufregen wollen. Es ist nicht einmal sicher, daß wir uns aufregen dürfen, denn wir besitzen einen Bundesgerichtshof, der so liebenswürdig ist, uns politische Aufgaben abzunehmen. Er hat befunden, daß der Volksgerichtshof zwar kein Gericht wie die anderen gewesen sei, aber dennoch eine »Gerichtsqualität« besessen habe. Für die Richter und die Staatsanwälte des Volksgerichtshofes gilt, was für unsere Richter prinzipiell gilt: Sie können nur zur Rechenschaft gezogen werden, wenn man ihnen bewußte Rechtsbeugung nachweisen könnte. Gelungen ist das bisher nie. Diese Herren waren überzeugt, Recht zu sprechen, nicht etwa das Recht zu beugen. Das hat sie so furchtbar gemacht in den Augen derer, die das Dritte Reich im Gegensatz zum Bundesgerichtshof nicht für einen Rechtsstaat halten mögen.

Einmal – das ist lange her, es gab da noch keinen Bundesgerichtshof – hat man über das Grundgesetz beraten und sich über die Unabsetzbarkeit der Richter unterhalten. Wohlgemerkt über ihre Unabsetzbarkeit oder Absetzbarkeit, nicht etwa über die Bestrafung derer, die sich schuldig gemacht hatten. Es gab damals noch Erinnerungen an die tausend Jahre, ziemlich frische Erinnerungen, und einer der Väter des Grundgesetzes war so kühn, darauf hinzuweisen, daß der selige Freisler nicht alle Todesurteile allein gefällt habe, daß diejenigen, die Bluturteile gesprochen hätten, mitten unter uns und auch im Justizdienst lebten. Dummerweise war der, der das gesagt hat, ein Kommunist; da haben die andern einstimmig den Schluß der Debatte beantragt. Die Blutrichter sind weiter unter uns geblieben, im Amt oder sonstwo. Daß die Kommunisten etwas gegen sie hatten, hat bewiesen, daß sie waren, was Kommunisten nun einmal nicht sind: ehrenwerte Leute, die sich einen friedlichen Lebensabend verdient haben. Mit Pension möglichst. Die steht einem Beamten zu, und Richter und Staatsanwälte sind ja wohl Beamte. Oder bekommen gerade die fehlenden 312 keine Pension? Haben sie aus freien Stücken in einem Rechtsstaat darauf verzichtet? Haben sie seit fünfunddreißig Jahren Angst, sie könnten doch noch vor Gericht gestellt werden, auch nach dem Spruch des Bundesgerichtshofes noch?

Sie werden jetzt sehr alt sein, kaum haftfähig, kaum fähig, anstrengende Prozesse zu ertragen, und nicht ganz zu Unrecht werden sie sich wundern, daß ihnen 1980 vorgeworfen werden soll, was ihnen dreieinhalb Jahrzehnte lang nicht vorgeworfen worden ist, daß man sie jetzt sucht, wo man sie so lange nicht gesucht hat. Da die Bundesrepublik ein Staat ist wie jeder andere, »stinknormal« nämlich, wird man sie kaum rechtzeitig finden, auch wenn Herrn Herolds Ruf dabei flöten geht. Dieser Ruf scheint ohnehin nur eine Legende zu sein, denn auch Herr Herold findet nicht einmal die, die er finden möchte. Den Teufel zum Beispiel hat er nicht gefunden, als der sich so gut versteckt hatte wie unsere 312. Der kann zwar nicht getan haben, weswegen ihn Rebmann suchen ließ, aber da Rebmann ihn einmal hat, läßt er ihn nicht mehr laufen. Die andern, die 312, die schriftlich festgehalten haben, was sie taten, werden wir zum Ausgleich laufen lassen müssen, weil beim besten Willen niemand weiß, wo sie geblieben sind, mitten unter uns.

August 1980

Alt-Heidelberg, du braune ...

An deutschen Universitäten kann man fast alles studieren.
Bis auf die Universitätsakten aus den Jahren 1933 bis 1945.
Da herrscht der totale Numerus clausus.

Unsere Universitäten jubilieren. Erst wurde Tübingen 500, dann Heidelberg 600, jetzt Göttingen wenigstens 250. Sie feiern sich und sie lassen sich feiern, und wenn nicht aller Anschein trügt, sind sie stolz auf ihre lange Geschichte, in der freilich nicht immer alles so gelaufen ist, wie man es gerne sähe. Sie alle, und die anderen, die gerade keinen Anlaß zum Feiern haben, sind nicht frei von dunklen Flecken, was so schlimm nicht wäre, wenn da nicht auch die braunen Flecke wären.

Die liegen ein halbes Jahrhundert zurück, aber obwohl wir eine angesehene und fleißige Zeitgeschichtsforschung besitzen, wissen wir immer noch nicht, was damals tatsächlich geschehen ist, hier und da und dort, überall, aber nicht überall ganz gleichartig. Eine Geschichte der Universitäten im Dritten Reich ist bisher nicht geschrieben worden, genauso wenig wie die Geschichte auch nur eines Universitätsfaches, wenn man die Geschichtswissenschaft einmal beiseite läßt, über deren Irrwege und Irrlehren wir seit einundzwanzig Jahren ziemlich gut unterrichtet sind. Auch die Vorgänge, die in Bonn dazu geführt haben, daß Thomas Mann der Ehrendoktor aberkannt wurde, samt Vorgeschichte und Nachgeschichte, sind vor uns ausgebreitet worden.

Aber aus dem großen Anlauf in den sechziger Jahren, als die »braune Universität« zum Tagesthema wurde, ist nicht viel herausgekommen, obgleich sich einige Universitäten (Berlin, München und

Tübingen) damals unter dem Druck der Studenten zu Ringvorlesungen über den heiklen Gegenstand haben hinreißen lassen. Daraus sind Vorzeige-Broschüren entstanden, die uns vorspiegelten, es sei etwas anders geworden, etwas sei verstanden worden, ohne daß irgendwo der Blick ins Innenleben der Universitäten zwischen 1933 und 1945 geöffnet worden wäre. Das hatte Gründe. Wer immer da versucht hat, von dem zu sprechen, was geschehen war, war auf seine Erinnerungen und auf die Veröffentlichungen seiner Fachgenossen angewiesen, während ihm in aller Regel die Universitätsakten verschlossen blieben, die bis heute eins der bestgehüteten Geheimnisse sind. Ihnen nämlich könnte man entnehmen, was die einzelnen nicht geschrieben, sondern getan haben, wie die Institute und Fakultäten auf die Wünsche und Befehle der braunen Machthaber reagiert haben, wo sie ihre Angehörigen geschützt, wo sie sie verraten haben, wo sie zögerten und wo sie den Berliner Ministerien vorauseilten.

Zuerst gab es die Legende, daß die deutschen Universitäten, bei allem, was man ihnen leider nachsagen müsse, den Faschismus relativ gut überstanden hätten, dann gab es die Legende, daß es 1945 zu einem Neubeginn gekommen sei, zu einer inhaltlichen und personellen Erneuerung, die angeknüpft hätte an die guten alten Traditionen der Zeit vor 1933. Aber erstens waren diese Traditionen so gut auch wieder nicht, und zweitens handelte es sich wirklich um Legenden, die zweierlei vertuschen sollten: einmal den Bruch von 1933 und zum andern die Kontinuität von 1945.

Während im Dritten Reich an vielen Universitäten rund ein Viertel bis ein Drittel des Lehrkörpers aus dem Amte gejagt worden ist und allmählich durch nachrückende Akademiker ersetzt wurde, von denen die meisten entweder begeisterte Nationalsozialisten waren oder doch Lippenbekenntnisse zum Nationalsozialismus ablegten, sind zwar 1945 zunächst zahllose Professoren durch die Militärregierungen aus ihren Ämtern entfernt worden, aber sie sind fast alle im Laufe der Adenauerschen Restauration wieder in diese Ämter zurückgekehrt.

»Professoren, Huren und Tänzerinnen kann man überall für Geld haben,
sie gehen dahin, wo man ihnen einige Groschen mehr bietet.«
Ernst August von Hannover, 1942

Das eine Mal mußte das scheinheilig »Gesetz zur Wiederherstellung
des Berufsbeamtentums« genannte Gesetz dazu herhalten, Leute,
die sich nichts hatten zuschulden kommen lassen, um ihre Beamtenrechte zu bringen, das andere Mal diente der Artikel 131 des Grundgesetzes dazu, Leuten, die sich allerhand hatten zuschulden kommen
lassen, ihre Beamtenrechte zu erhalten.

Als die Universität Heidelberg 1936 ihre 550-Jahr-Feier beging und
beinahe jedes Ansehen verloren hatte – wir haben hier zwei Ruinen,
das Heidelberger Schloß und die Universität, hat der Archäologe
Ludwig Curtius gesagt –, hat der braune Erziehungsminister Rust
seine »Säuberungen« mit den Worten verteidigt, daß man diejenigen
ausgeschieden habe, die sich dem Umsturz aller Ordnungen verschrie-
ben hätten, und diejenigen, die uns nach Blut und Artung nicht zu-
gehörten und denen darum die Fähigkeit abgehe, nach deutschem
Geist die Wissenschaft zu gestalten. Das sollte heißen: die Republikaner und die Juden. Die Juden vor allem hat es getroffen, erst noch
mit Ausnahmen, später ausnahmslos.

Etwa so: In Göttingen gab es einen wunderbaren Altphilologen,
der das Unglück hatte, nach den Nürnberger Gesetzen als Jude zu
gelten. Er wurde entlassen, seine Bezüge im Laufe der Jahre auf 20 %
reduziert. Er durfte nichts mehr veröffentlichen, bald auch keine Bi-
bliotheken mehr benutzen, seinen Kollegen wurde der Umgang mit
ihm untersagt. Einige freilich halfen ihm, einer versteckte ihn in den
letzten Kriegsjahren, damit er nicht ermordet werde. Nach der Ka-
pitulation kehrte er als kranker Mann nach Göttingen zurück und
erhielt seine alte Professur wieder, fast Seite an Seite mit einem Kollegen, der 1933 in einer englischen Zeitung eine glühende Rechtfer-

tigung der Zwangsmaßnahmen gegen die jüdischen Universitätsangehörigen veröffentlicht hatte. Hat das jemand unerträglich gefunden?

Es war an den Universitäten nicht anders als in den Behörden und bald in den Ministerien, es ging um Posten und Pfründen, nicht um irgendeine Erneuerung. Man machte weiter mit dem alten Personal und auch im alten Geiste. Die etwas hätten ändern können, waren nicht mehr am Leben oder nicht mehr da. Die Konservativen und Reaktionäre hatten wieder einmal das Rennen gemacht, genau wie nach dem Ersten Weltkrieg. Sie taten, als seien sie jetzt endlich Demokraten, denn das war die Verabredung, die ihnen das Überleben sicherte. Braun waren sie alle nie gewesen, korrupt auch nicht, sie hatten nur das Schlimmste verhindert und sich dem damals Üblichen angepaßt, wie alle anderen doch auch. Warum hätten ausgerechnet sie etwas büßen sollen? Wo ihnen doch die hirnrissige Konstruktion zu Hilfe kam, daß das Reich zu bestehen nicht aufgehört habe und die Bundesrepublik sein legaler Nachfolger sei. Staatsrechtlich war sie das, trotz allem, was dafür vorgebracht worden ist, gewiß nicht, aber faktisch und personell war sie es in einem Grade, der die Erforschung des gerade Vergangenen so gut wie unmöglich machte.

Den Universitäten war diese Tabuisierung nur angenehm. Es konnte an ihnen weiter gelehrt und geforscht werden, solange es nicht um das ging, was an ihnen selbst geschehen war. Als Tübingen sein Jubiläum feierte, haben sich junge Leute zusammengetan und Teile der Wahrheit zu rekonstruieren versucht. Die Ordinarien schwiegen und taten nichts. In Heidelberg dagegen haben die Ordinarien selbst gearbeitet und eine sechsbändige Festschrift verfaßt. Sie heißt Semper Apertus (immer offen!) und gibt vor, die sechshundertjährige Geschichte der Universität zu schildern. Tatsächlich aber ist sie alles andere als offen und vor allem ein Werk der Beschwichtigung, schon was das 19. Jahrhundert, vor allem aber, was das 20. Jahrhundert angeht. Es ist keine Geschichte aus den Akten oder den Quellen, sondern eine Aufreihung von Kurzbiographien »großer« Gelehrter, aufgelockert durch wenige überblickartige Geschichtserzählungen.

Eine solche Methode hat ganz ungewöhnliche Annehmlichkeiten für den, dem die Tatsachen unbehaglich sind. Mag die Geschichte selbst auch mies gewesen sein, die Kette großer Männer macht sie wieder groß. Man braucht nicht darauf einzugehen, was wann gelehrt worden ist, wer seine Wissenschaft wann und warum auf den Hund gebracht hat, auch nicht darauf, wer wen auf dem Gewissen hat, wie der Alltag aussah, sondern kann unbefangen die Herren rühmen und preisen, die diese Geschichte gemacht haben.

Das Indiz der Größe ist allemal die Größe selbst, die nichts mit Moral oder Menschenwürde zu tun hat. Geht man so vor, ist selbstverständlich auch der Physiker Lenard solch ein großer Mann, der zwar den Nobelpreis erhalten hat, aber ein schäbiger Antisemit, ein Lump und der Erfinder der »deutschen Physik« war. Und ebenso groß muß dann der Staatsrechtler Forsthoff sein, ein Faschist reinsten Wassers, der nicht bloß durch einen seiner Schüler hochgelobt wird, sondern noch den Vorzug genießt, als Toter zu der Festschrift beitragen zu dürfen, nämlich eine Gedenkrede, die er vor zwanzig Jahren auf einen in der Tat bedeutenden Juristen gehalten hat, mit all der Unbefangenheit, die ein deutscher Nazi einem seiner Opfer gegenüber aufzubringen imstande ist. Manche werden das geschmacklos finden, manche barbarisch, manche bloß universitätstypisch.

Mit dieser Festschrift hat die Heidelberger Universität bewiesen, daß sie sich von den tausend Jahren nie erholt hat, an der Verbreitung ihres ehemaligen Ruhmes interessierter ist als am Verstehen der eigenen Geschichte. Um die hat sich wiederum eine kleine Gruppe Jüngerer bemüht, mit einer Gegenfestschrift, die fast ausschließlich die Jahre zwischen 1933 und 1945 behandelt, nicht nach Personen, sondern nach Fächern. Aus ihr kann man etwas lernen.

Was für Tübingen und für Heidelberg gilt, gilt auch für Göttingen. Dort ist zwar aus der geplanten Feier nichts geworden, aber dafür gibt es aus der Feder von, wie anders, Jüngeren einen Band über die »Universität Göttingen unter dem Nationalsozialismus«, der die Älteren nicht schont. Ein Musterbeispiel, mit reichlicher Verwendung der Fakultätsakten, sachlich, genau, intelligent und so bedrückend wie das Dritte Reich selbst. Die Täter und die Opfer leben nicht mehr, aber es wird nicht mehr möglich sein, die einen so und die anderen so zu vergessen.

Juli 1987

Sensibler Einsatz

In Frankfurt sollen die Reste der alten Judengasse weggebaggert, das Kundenzentrum der Stadtwerke an deren Stelle gesetzt und Teile der Ghettoreste in der Kundenhalle ausgestellt werden. Vermutlich direkt neben dem Infostand »Kochen mit Gas«.

Frankfurt am Main hat eine neue Attraktion. Nicht wieder ein neues Museum oder eine neue Messe oder ein neues Bankhochhaus, sondern eine Mauer, drei Meter hoch, aus Stahlblech, aufgerichtet in wenigen Stunden, ein Glanzstück deutscher Leistungsfähigkeit. Sie schließt die Reste des ehemaligen Judenmarktes ein, schirmt sie ab vor neugierigen Blicken und vor erneuter Besetzung durch die Gegner einer Zerstörungspolitik, die im Namen der allerchristlichsten Partei durchgesetzt werden soll.

Es ist oft gesagt worden, daß die Juden das Ghetto, in dem sie jahrhundertelang leben mußten, noch immer mit sich herumschleppen. Vielleicht ist das hier und da der Fall. Nur haben sich die Juden das Ghetto nicht selbst ausgesucht, sondern es ist ihnen unter dem Zeichen des sogenannten Erlösers aufgezwungen worden, ihnen, den vermeintlichen Gottesmördern, die keine Rechte haben sollten, wie die anderen sie besaßen. Die Deutschen dagegen, denen das Ghetto so fremd und so sehr Gegenstand kollektiver Verdrängung ist, daß sie bis zum Ende des Zweiten Weltkrieges nicht einmal das Wort in ihre großen Wörterbücher aufgenommen haben (mit zwei Ausnahmen, von denen sich eine allerdings dadurch erklärt, daß der Wörterbuchmacher wußte, wovon er schrieb; er war Jude), die Deutschen also, denen die Ghettomentalität abgeht, besitzen ihr Gegenstück:

die Mauermentalität. Wo immer sie können, errichten sie Wälle, die nichts anderes besagen als: hier kommt keiner rein (oder raus), an der See als Strandburgen, auf dem festen Lande von der Ostsee bis zur Grenze der CSSR, rings um Stammheim, um die Startbahn-West, um Wackersdorf oder Brokdorf, um alles, was ihnen heilig oder peinlich ist.

Sie mauern und mauern, so wie ihre Frauen spinnen und weben, lassen sinnlos ihre rohen Kräfte walten. Warum? Weil sie die Wahrheit so scheuen wie die Freiheit. Sie müssen, was in ihren Händen ist, in Festungen verwandeln, unter dem Stichwort der Sicherheit sich ein-igeln, diejenigen, die sie für anders halten einsperren oder wenigstens aussperren: Sie haben Bonn mit Nato-Draht als Kriegsschauplatz de-koriert, als wäre es das gefährlichste Pflaster der Welt, aus Angst. Und ebenso haben sie den Frankfurter Börne-Platz aus Angst mit einer Mauer umgeben, die verdächtig an die Mauer erinnert, mit der sie Jahrzehnte zuvor das Warschauer Ghetto abriegelten.

Haben sie nur Angst, daß man sie bei ihrem barbarischen Tun be-obachten könnte, oder haben sie auch Angst, daß die Steine reden könnten? Daß sie von etwas zeugen könnten, was sie aus ihrer Erin-nerung verbannen möchten, so wie sie die während des letzten Krieges zertrümmerten Grabsteine des angrenzenden Jüdischen Friedhofes streng verschlossen halten, aus welchen Gründen immer? Sicherlich haben sie Angst, aber nicht von ihr sprechen sie, sondern, aus alter Leidenschaft, von Recht und Gesetz. Das hat Tradition in dieser Ju-risten-Nation.

Den Vorwand hat ihr diesmal die Besetzung der Baustelle durch Juden und Christen, Grüne und Sozialdemokraten, Organisierte und Unorganisierte geboten, die erschienen waren, als im Auftrage der Stadt und der Stadtwerke Teile der eben ans Tageslicht gekommenen Mauern der alten Judengasse weggebaggert worden waren. An vielem mag man zweifeln, sicher ist auf jeden Fall, daß Recht und Gesetz die Vernichtung von Kulturgütern erlauben, während sie die Besetzung fremden Grundes, selbst zur Erhaltung solcher Kulturgüter, unter Strafe stellen.

Was das Gesetz erlaubt und befiehlt, darüber ist der neue Frankfurter Bürgermeister aufs beste unterrichtet. Ihm kommen die Tränen, wenn ein Bagger beschädigt wird, aber er bleibt jovial und kalt, wenn zu Bruch geht, was Erinnerung stiften könnte, Erinnerung an das Leben, das die Christen den Juden außerhalb der Stadtmauern zugemutet haben. Die Frankfurter Jüdische Gemeinde ist nicht sonderlich alt, nur etwa acht Jahrhunderte, aber sie ist nicht zufällig berühmt als »Muttergemeinde«, als »Neu-Jerusalem«. Von ihr sind andere, entscheidendere Entwicklungen ausgegangen als von den beiden anderen großen Gemeinden in Berlin und in Breslau, Entwicklungen, aus denen Frankfurt, Deutschland, Europa einen großen Nutzen gezogen haben. Geholfen hat ihr das wenig. Sie hat, wie die anderen deutschen Gemeinden, rund siebzig Jahre in relativer Gleichberechtigung leben können, auf dem Papier jedenfalls, wenn auch nicht immer in der Wirklichkeit. Dann kam die »Machtergreifung« der Antisemiten. Seitdem erinnert nichts mehr an sie, nichts mehr an ihre 30.000 Mitglieder, 5,5% der Stadtbevölkerung. Sie sind in die Emigration gezwungen worden, in die Lager getrieben worden, haben sich das Leben genommen.

Als das geschah, gab es kein Ghetto, keine Judengasse mehr; sie schienen geschichtlich überholt, aber es zeigte sich, daß sie das keineswegs waren, daß sie vielmehr als erträglich gelten müßten gegenüber dem, was deutscher Erfindungsreichtum und deutsche Gründlichkeit sich einfallen ließen. Nach Auschwitz und Birkenau haben die Ghettos eine neue Bedeutung bekommen: sie sind keine Endpunkte mehr, sondern Stationen auf dem Wege zum vollkommenen Verbrechen. Nur gibt es sie nicht mehr, sie sind allesamt verschwunden, oder wären es doch, wenn man nicht erwartungsgemäß in der Frankfurter Baugrube auf die Reste der alten Judengasse gestoßen wäre.

Man hat sich das vorstellen können, aber man hat sich nicht vorstellen können, wie viel man finden würde und welchen Eindruck das Gefundene machen würde, auf diejenigen jedenfalls, die eindrucksfähig sind. Kümmerliche Reste der Westzeil, erstaunliche Reste der Ostzeil, Grundmauer an Grundmauer, so eng aneinandergerückt, wie auch in den elendesten Elendsquartieren nie gebaut worden ist. Alle, wirklich alle, sind jetzt endlich dafür, daß alles erhalten werde, nur nicht die Mehrheitspartei, die sonst so gern vom Sinn geschichtlicher Überlieferung und dem, was anderswo das kulturelle Erbe genannt wird, redet. Für sie gibt es nur eine Sache, die wichtig ist: den Verwaltungsbau der Stadtwerke, beschönigend »Kundenzentrum« genannt. Sie hat auf keinen privaten Protest reagiert, von keiner Unterschriftenaktion Kenntnis genommen, sondern immer nur vollendete Tatsachen schaffen wollen, die am Ende keine andere Möglichkeit mehr lassen konnten als die möglichst komplette Beseitigung der Funde – aus Kostengründen.

Der Gedanke, daß sich das nicht zusammenreimt, die Stadtwerke und das Ghetto, daß sie radikal umdenken und umplanen müssen, weil ein Prunkbau der Energiewirtschaft an jeder beliebigen Stelle errichtet werden kann, das Ghetto aber nur an einer Stelle war und dort erhalten bleiben muß – dieser Gedanke ist ihr bis heute nicht gekommen. Auf ihre Weise, gewiß, möchte sie eine Gedenkstätte, eingezwängt zwischen Friedhofsmauer und Stadtwerkemauer, unsichtbar und beinahe unauffindbar. Laßt die Toten ihre Toten begraben.

Noch einmal: wenigstens zwei Jahre Agitation gegen die Stadtwerke und für den Börneplatz haben in den Betonköpfen der Frankfurter CDU nichts bewirkt. Bewirkt hat tatsächlich erst die Besetzung der Baustelle etwas. Was nämlich? Kleinliche Zugeständnisse, ein paar Fundamente in die Kundenhalle der Stadtwerke zu integrieren, erst drei, dann vier, dann fünf, jetzt vielleicht sechs. Nach eigener Wahl, versteht sich. Ein großes Haus, das Steinerne, in dem sich früher das

»Die Deutschen haben keinen Sinn für eine vernünftige Verwendung
der Freiheit in den Grenzen des Menschlichen.«
karl löwith, 1940

rituelle Bad befand, ein Haus, das als Betstube genutzt wurde, drei
kleine Häuser, womöglich noch das Spital, nur nicht dort, wo es gestanden hat, und alles nicht so, wie es erhalten ist.

Die Archäologen werden ganze Arbeit leisten, alles abtragen, das
meiste einlagern, manches künstlich wieder aufbauen, geschönt, als
Exponate, verdorben für immer. Sie müssen das tun, weil sie wissen
wollen, was sich darunter befindet, als wären sie in Troja, von dem
nach ihrem Wühlen ja auch nicht viel geblieben ist. Der Grabungs-
leiter, ein Vorgeschichtler, tut seine Pflicht, emotionslos. Es handelt
sich ja auch nicht um eine Kultstätte der Germanen, und sein Fach
ist von dessen Begründer als »hervorragend nationale Wissenschaft«
definiert worden. Daß dessen Vertreter Emotionen anläßlich eines
Ghettos empfänden wäre verwunderlich.

Emotionen läßt auch keiner in der CDU aufkommen. Eine Behörde kann sich nicht irren, und eine Partei hat immer recht, wenn
sie die Macht hat. Worauf es ankommt ist, diese Macht auch zu demonstrieren, gegen alle Meinungen der gesitteten Welt, gegen die eigenen Bürger, gegen die anderen Parteien, gegen die Kirchen, gegen
die Juden, die halb durch Umarmungen, halb durch Erpressungen
zu Komplizen einer geschichtsverachtenden Planung gemacht werden
sollen – immer in der Hoffnung, daß denen die Erinnerung an die
Ghetto-Vergangenheit noch lästiger sei als der Mehrheit, die sie be-
dingt hat.

Nein, weder Emotion noch Vernunft, aber Gewalt. Und Rechts-
staatlichkeit. Als die Grünen ihre Fraktionssitzung auf der Baustelle
abhalten wollten, war das Maß voll. Die Polizei wurde geschickt und
räumte die Besetzer ab. Der Polizeipräsident verkündete, er habe

noch nie einen so sensiblen Polizeieinsatz erlebt. Es ist die Sensibilität von Troglodyten, die ihr Hordenrecht gegen Wünsche und Bedürfnisse Fortschreitender einsetzen, deren Sprache aus den Wörtern Hausfriedensbruch, Sachbeschädigung und Nötigung besteht, die nichts zu tun haben wollen mit einer Vergangenheit, die sie als ihre leugnen müssen, um die Leiden ihrer Opfer verleugnen zu können.

Wer in diesem ungleichen Kampfe unterliegen wird, ist noch nicht ganz und gar sicher. Die Chancen, daß die Barbarei gewinnt, sind groß, und damit auch die Chancen, daß am Börne-Platz ein »Geschichts-Entsorgungspark« entsteht, statt eines Ortes des Gedenkens, durch den ein geringer Teil der Schuld abgetragen werden könnte, die die Frankfurter auf sich geladen haben.

Oktober 1987

Erblasten

Bisher stand noch jeder Zusammenbruch eines deutschen Staatswesens unter dem Motto: Alles verstehen heißt alles vergessen. Bzw.: Reißwolf weiß, was Denunzianten wünschen.

Vierzig Jahre lang haben wir der DDR Legalität und Legitimität bestritten, ihr Menschenrechtsverletzungen vorgeworfen, Akten über Richter und Todesschützen gesammelt und damit gedroht, daß kein staatliches Unrecht ungesühnt bleiben werde, wenn erst wir das Sagen hätten, am Tage der endlichen Wiedervereinigung. Es war ja kalter Krieg, da mußte man sich warme Gedanken machen. Die Leute, die so hechelnd nach einer Gerechtigkeit verlangten, die den meisten von ihnen schlecht bekommen wäre, wenn irgend jemand nach 1945 bei uns Gerechtigkeit und Recht hätte walten lassen, stellten sich das meistens so vor, daß die Bundesrepublik mit Hilfe ihres großen Verbündeten offensiv werden werde, um Europa bis zum Ural von der Geißel des Kommunismus und der Volksrepubliken zu befreien.

Es kam anders, so anders, daß niemand es sich hatte vorstellen können. Während die Linkselbischen sich von Jahr zu Jahr leichter mit der Existenz der DDR und ihrer Eigenstaatlichkeit abfanden, leiteten die Rechtselbischen, ermutigt durch die UdSSR, den Prozeß ein, der den eigenen, wenig geliebten Staat überflüssig machte. Die Gewalt, die so lange übermächtig gewesen war, zog sich unauffällig zurück, die Mächtigen verließen ihre Posten und waren mit einem Mal alte und kranke Männer, für nichts mehr verantwortlich und auf keine Weise mehr prozeßfähig. Sie machten niemandem mehr Angst.

An die Stelle der gnadenlosen Zwangsordnung trat das Chaos, und mit ihm kam die D-Mark, über Nacht. Parteien wurden gegründet, eine Regierung gebildet, Minister ernannt, der Anschluß vorbereitet. Eine Flucht nach vorn sozusagen, Augen zu und durch, koste es wen immer, was es wolle. Es gab keine SED mehr, keine Stasi mehr, nur noch Demokraten. Ein kleines Wunder, denn demokratisch war die Deutsche Demokratische Republik so wenig gewesen wie die Mehrheit ihrer Bewohner Demokraten. Die Wahrheit ist wohl, daß die eine Hälfte der Bevölkerung die andere bespitzelt hatte, denn wie sonst hätten sich in den Archiven der Staatssicherheit rund 8 Millionen Akten ansammeln können. Die sind nicht bloß durch die Arbeit der 86000 offiziellen Mitarbeiter des MfS zusammengekommen. Vor allem: Sie sind noch beinahe alle vorhanden, und mancher wüßte gern, was mit ihnen geschehen soll. Ja, gäbe es ein Okkupationsheer, dann könnte man noch einmal ein Document Center einrichten und es so gut oder so schlecht unter Verschluß halten wie das in Berlin und die Jahrzehnte nutzlos verstreichen lassen, bis auch dieses politische Problem biologisch gelöst wäre.

Wir wissen aus eigener Erfahrung, wie das ist, wenn die Opfer und die Geopferten eine neue Gesellschaft wollen, aber plötzlich keine Täter mehr vorhanden sind, Mitläufer und Erpreßte allenfalls, in summa ein verführtes Volk und eine Handvoll Schuldiger, daneben aber der Zwang, die Trümmer und die Ruinen zu beseitigen, Wirtschaft und Verwaltung, Rechtsprechung und Bildungswesen in Gang zu halten. Und Mehrheiten für die eigenen politischen Ziele zu gewinnen, was nur möglich ist, wenn man die Befürworter von Verbrechen oder Schändlichkeiten, die Verbrecher oder Schändlichen, nicht an das erinnert, was sie gestern noch getan oder gedacht haben.

Es ist eine einfache Rechnung. 2,4 Millionen SED-Mitglieder, die Familienangehörigen dazugerechnet, macht ein Drittel bis die Hälfte der DDR-Bevölkerung aus. Kann man sie aus der neuen Ordnung oder Unordnung ausgrenzen, sie von ihren Posten, aus ihren Stellungen entfernen, aus den einen Frührentner, aus den anderen ungelernte Arbeiter – und das heißt im Augenblick: Arbeitslose – machen? Wer könnte es überhaupt? Sache der Bundesdeutschen kann es nicht sein, denn die haben nicht das geringste Recht, rigoroser in fremder Sache zu sein, als sie es je in eigener waren, einer Sache, mit der verglichen die Unrechtshandlungen der DDR sich ausnehmen wie Raufereien in einem Kindergarten. Wenn irgend jemand, dann hätte die Gesellschaft der DDR die Frage beantworten müssen, wer und was ihr in Zukunft erträglich erscheinen kann, aber die DDR hat nur das eine Interesse, sich selbst verschwinden zu machen und damit wohl auch ihre Vergangenheit. Die friedliche Revolution in Leipzig und Dresden war eher doch keine, denn zwar ist die alte Herrschaft abgetreten, aber nichts an ihre Stelle getreten, das alte Personal, von Ausnahmen abgesehen, geblieben, wo es auch vorher war, ganz wie bei uns vor fünfundvierzig Jahren.

Die Täter werden nicht bestraft werden, sondern resozialisiert oder integriert, und die Opfer werden nicht entschädigt werden. Von wem auch? Die dann ehemalige DDR kann es nicht, die BRD will es nicht. Nur bleiben eben die peinlichen Fragen. Können alle Richter weiter richten, alle Staatsanwälte weiter anklagen, alle Professoren weiter lehren, alle Volkskammerabgeordneten weiter Abgeordnete sein? Welche ja, und welche nicht? Um das zu entscheiden, müßte man in die Stasi-Akten schauen, um festzustellen, wer über Leichen gegangen ist und wer nicht. Täte man das und zöge Folgen daraus, schüfe man eine Zweiklassengesellschaft und sorgte automatisch dafür, daß auf die freiwerdenden Stellen vor allem Bewerber aus der

BRD kämen, die DDR also auch personell den Status einer Kolonie bekäme.

Das will kaum jemand östlich der Elbe. Wenn das aber niemand will, ist es nur logisch, daß der noch amtierende Innenminister der DDR dafür plädiert, die Stasi-Akten zu vernichten. Nicht etwa, um Millionen von Denunziationen aus der Welt zu schaffen, sondern um die Denunzianten zu schützen, auch um die ehemaligen SED-Mitglieder zu schützen, die schließlich die Elite der DDR gewesen seien. Er könne, soll er gesagt haben, keinesfalls akzeptieren, daß übereifrige Leute nachschauten, was einer früher getan habe, der sich nun um eine Professur oder ein Abgeordnetenmandat bewerbe – es sei denn, das gelte auch für die jetzige Bundesrepublik. Er hat allerdings nicht gesagt, welche Hemmnisse es für bundesdeutsche Bewerber geben könne. Die Nutznießer des Faschismus nämlich sind aus Altersgründen nicht mehr im Amt. Lange genug waren sie es freilich, mit Hilfe des dubiosen Grundgesetzartikels 131. Nichts hilft, wir haben der DDR vorgemacht, wie man mit den Feinden der Demokratie nach deren »Sieg« umgeht. Man übernimmt sie.

Muß man sie noch einmal wieder alle übernehmen? Oder kommt es auf den Einzelfall an? Was ist ein Einzelfall? Kürzlich hat eine große bürgerliche Zeitung die Geschichte eines Greifswalder Professors erzählt, der einerseits ein tüchtiger Mann in seinem Fache, andererseits aber ein Stasi-Spitzel war und als solcher Karrieren befördern oder beenden konnte. Nicht die Dialektik des Marxismus bestimmte seine offiziellen Äußerungen, sondern die »Lehrsätze« der SED. Er sprach nicht für ein Denkmodell, sondern für seine Partei, aus der er austrat, als sie ihm keine Vorteile mehr brachte. Wäre es nur das gewesen. Es war mehr. Unter seiner Leitung wurden Kaderakten der Institutsmitglieder angelegt, in denen Privates und Privatestes festgehalten und selbstverständlich auch bisweilen genutzt wurde. Mit Wissenschaft hatte das nichts zu tun, sondern es diente der Disziplinierung der anderen und dem eigenen Machtgewinn. Institutsdirektor ist dieser Mann nicht mehr, aber er lehrt und wird weiter lehren, wenn auch nicht länger »im Dienst und im Auftrag der Partei«.

Wer die »Braune Universität« nicht gemocht und nicht gewollt hat, wird auch eine Universität nicht mögen und nicht wollen, an der karrieresüchtige Denunzianten lehren. Es wird ihm nichts nützen, wie es ihm schon einmal nichts genützt hat. So unterschiedlich die Systeme des Großdeutschen Reiches und der DDR immer gewesen sein mögen, korrumpiert haben beide ihre Bürger. Oder anders, die Bürger haben sich korrumpieren lassen, bald freiwillig, bald unter Druck.

Die Geschichte des Greifswalder Germanisten erinnert fatal an eine andere Geschichte (eine von sehr vielen), die ein halbes Jahrhundert zurückliegt. An einer der Friedrich-Wilhelms-Universitäten gab es damals einen jüngeren Historiker, der es bis zum außerordentlichen nichtbeamteten Professor brachte. Was für den Greifswalder die SED war, war für ihn die NSDAP. Er wollte, auch er, Karriere machen, und um diese zu befördern, schrieb er Aufsätze wie diesen: »Das gesamtdeutsche Geschichtsbild als Grundlage und Forderung völkischer Geschichtsbetrachtung« – einen geistlosen, liebedienerischen Schmarrn. Seine Kollegen behaupteten, er sei Gestapo-Spitzel, und wenn er an den Fakultätssitzungen teilnehme, sprächen sie kein offenes Wort. Sein Glück ist oder war, daß es Akten darüber kaum geben dürfte. Ein Geheimnis war seine braune Vergangenheit jedoch nicht. Seine Fachgenossen wenigstens müssen sie gekannt haben.

Geschadet hat ihm das nach 1945 nicht lange. Er bekam eine leitende Stelle an einem neugegründeten Institut, an dem er seine alten Marotten pflegen konnte: die Ostforschung, zu der er so bedeutende Beiträge lieferte wie ein Buch über den »Ostdeutschen Menschen im westdeutschen Raum«. Er war an diesem Institut nicht allein mit seiner Vergangenheit. Sah man sich die Liste der Mitglieder des dem Institut aufgepfropften Forschungsrates an, so entdeckte man lauter alte Bekannte, gesinnungstreue Nazis und besessene Antisemiten. So sah halt unsere Vergangenheitsbewältigung aus. Die der DDR wird ähnlich aussehen, mit dem kleinen Unterschied, daß damals wir frei entschieden haben, wie wir mit unserer Vergangenheit umgehen wollten, während die sich auflösende DDR kein eigenes Wort mehr wird sprechen können.

September 1990

Preußische Restauration

»Wir wollen unseren alten König Friedrich wiederham. Aber nur, aber nur, aber nur innem Sarg.«

Niemand wäre auf den Gedanken gekommen, Bayern aufzulösen oder Sachsen oder Hessen, aber die Alliierten kamen auf den guten Gedanken, Preußen aufzulösen, das sich wie eine Krake über ganz Deutschland gelegt hatte und jede Gelegenheit nutzte, sein ohnehin viel zu großes Territorium auf Kosten der anderen noch größer zu machen. Wer nicht preußenhörig war, verlor seine Herrschaft, zur Strafe. Hannover so gut wie Frankfurt, im tiefen 19. Jahrhundert. Kurz vorher war Schleswig-Holstein an der Reihe gewesen, aus anderen Gründen. Ein paar Jahre später wäre beinahe Elsaß-Lothringen drangekommen. Und was noch alles drangekommen wäre, wenn das Deutsche Reich den Ersten Weltkrieg gewonnen hätte, kann man sich gut ausmalen.

Preußen, mit anderen Worten, war ein Raubstaat, von Großmachtsideen und Hegemonialphantasien besessen. Brüderlich jedenfalls war es nicht, freiheitlich kaum und egalitär ganz gewiß nicht mit seinem Klassen- und Kastenunwesen. Seine gefährlichste Kaste war die – meist adlige – Offizierskaste, zum Kadavergehorsam neigend und ziemlich frei von Zivilcourage. Es ist ihr nach 1871 gelungen, ihr menschenunwürdiges oder doch menschenverachtendes System auf das ganze deutsche Militär zu übertragen. Es ist ihr auch gelungen, im Ersten Weltkrieg an Parlament und Kaiser vorbei zu »regieren«, ohne jede demokratische Legitimation. Als sie den Krieg verloren hatte, schob sie den anderen die Schuld in die Schuhe, bildete aber weiter einen Staat im Staate.

Unter Hitler freilich, der dergleichen nicht schätzte, kuschte sie und ließ sich in jedes denkbare Verbrechen verstricken. Daß die Alliierten nach dem Zweiten Weltkrieg diesem Spuk, der sie viele Millionen Tote gekostet hatte, ein Ende machen wollten, für immer, versteht sich, wird keinen erstaunen. Natürlich war Preußen so wenig der einzig Schuldige wie seine damals noch intakte Militärkaste, aber ohne den sogenannten preußischen Geist (den von Potsdam, denn mit Friedrich II. hatte das Elend begonnen) und ohne die Militärkaste wäre es so weit kaum gekommen. Mit einem Federstrich erlösten sie also Deutschland, Europa und die Welt von diesem Preußen – und übrigens auch die Preußen selbst, sowohl die Überzeugungspreußen als auch die Mußpreußen, von Preußen. Wir waren sie los. Die Rheinländer durften wieder Rheinländer sein, die Hannoveraner Hannoveraner, die Holsteiner Holsteiner und immer so weiter. Am glücklichsten dürften die Bayern gewesen sein, glücklich auch darüber, daß das preußische Stammland Brandenburg nicht einmal mehr zu dem Staate gehörte, zu dem sie gehörten. Man kann es ihnen nicht verdenken.

Jetzt allerdings stellt sich die Frage, ob ein halbes Jahrhundert genügt hat, uns ganz und gar von Preußen und dem, was es bedeutet hat, zu erlösen. Da gibt es nämlich immer noch Leute, die Preußen für ein Land der Toleranz und einen Hort von Sekundärtugenden halten, ihm nachweinen. Nicht umsonst, meinen sie, habe Friedrich II. den Beinamen »der Große« bekommen, nicht umsonst sei er der Philosoph auf dem Königsthron genannt worden. Umsonst gewiß nicht; man weiß, wer dafür bezahlt hat. Auf irgend etwas, heißt es, müsse der Bürger schließlich stolz sein können, also warum denn nicht auf diesen überlebensgroßen Friedrich. Immer nur Goethe und Kant oder Mozart und Beethoven, das macht den Kohl auf die Dauer offenbar nicht fett. Bismarck war da schon besser, und noch besser müßten die Hohenzollern sein. Man müsse ja die ganze Geschichte annehmen, ihre Schattenseiten ebenso wie ihre Glanzseiten, oder umgekehrt. Das läuft dann in der Regel auf die scheinhafte Identifikation mit vermeintlichen Glanzseiten hinaus, da dem Bürger zu schwanen scheint, daß er, so wie er einmal ist, auf sich selbst nicht stolz sein kann, da er sich immer beherrschen läßt und nie selbst herrscht.

Solange in Bonn regiert wurde, war das getilgte Preußen alles andere als eine Gefahr, aber was wird, wenn in Berlin regiert werden wird? In Berlin, das leider nicht bloß Reichshauptstadt war, sondern immer preußische Hauptstadt blieb? Keine Angst, wird uns gesagt, die deutsche Demokratie ist so stabil, daß ihr das nicht schaden wird. Wirklich nicht? Aber diese stabile deutsche Demokratie verändert sich, auffällig. Ihre offiziellen Vertreter, nicht gerade die besten, sind auf der Suche nach Symbolen und symbolischen Handlungen, und auf dieser Suche plündern sie selbst die ältesten Mottenkisten. Da an ihrer Spitze ein gelernter Historiker steht (sagt er jedenfalls selbst), wird einiges auf uns zukommen. Einiges, das viel schlimmer sein dürfte als Bitburg. Schlimmer, weil er scharf auf ausgesprochen nichtdemokratische Symbole ist. Nicht er allein übrigens. Es spielt ja keine Rolle, Hauptsache, es gibt ein Spektakel.

Kaum war die Mauer geöffnet, haben die für eine Nacht glückstrunkenen Berliner die Quadriga auf dem Brandenburger Tor ruiniert. Sie mußte repariert werden, in Westberlin natürlich, und dort ist sie gleich so repariert worden, daß die Rechten ihre richtige Freude an ihr haben können. Man weiß, daß das »Frollein Kutscher« 1791 eine Friedensgöttin war, das Tor ein Friedenstor. Dann kam Napoleon, unter anderem auf Kunstraub spezialisiert, und verschleppte Schadows Quadriga nach Paris, wo die Preußen sie 1814 in einem Schuppen entdeckten. Jacob Grimm soll bei dieser Gelegenheit jubelnd sein Frühstück auf ihr verzehrt haben. Die Quadriga kam zurück nach Berlin.

Das gab einem der unfähigsten Herrscher, den Preußen je gehabt hat, die Gelegenheit, aus der Friedensgöttin eine Siegesgöttin machen

»An einem Dornenstrauche können keine Feigen wachsen.«
Franz Mehring, 1893

zu lassen. Er, von dem gesagt worden ist, daß er jederzeit entschlossen gewesen sei, nichts zu tun, tat etwas: Er entwarf die Insignien, die aus der Irene eine Nike machten, ein von einem Eichenlaubkranz umgebenes, vom Preußenadler gekröntes Eisernes Kreuz, wozu man gerechterweise bemerken muß, daß auch schon der Entwurf des Eisernen Kreuzes von ihm stammte, ein Billigorden, den auch der gemeine Mann empfangen durfte, nichts als ein Stück Blech, gestiftet für diejenigen, die ihm seine reaktionäre Herrschaft gerettet hatten, mit ihren Knochen. So stand die Quadriga als Symbol des königlichen Sieges bis zum Ende des Zweiten Weltkrieges, ohne erkennen zu lassen, daß dieser König zu diesem Siege hatte getragen werden müssen wie faule Hunde zum Jagen. Es blieben nur Trümmer von ihr, aber da Symbole angeblich sein müssen, gossen die Westberliner später eine Replik, aus der Ulbricht schleunigst die ihm verhaßten Siegeszeichen entfernen ließ. Er tat wohl gut daran, aber es hat nichts geholfen, denn von nun an wird wieder altpreußisch gesiegt. Man könne Geschichte nicht verleugnen, wird dazu gesagt. Man kann schon, aber man sollte nicht, und allemal wäre es besser gewesen, wenn man sich wieder auf den Frieden besonnen hätte, statt auf den Sieg. Aber wer sich für Berlin und damit bewußt oder unbewußt für Preußen entscheidet, muß wohl oder übel auf Sieg setzen. Ein sonderlich großer Publikumserfolg ist die Wiedereinweihung des Tores nicht geworden. Ganze 40 000 Zuschauer, rund ein Prozent der Berliner Bevölkerung, haben der feierlichen Zeremonie beigewohnt. Die Leute haben andere Sorgen.

Was mit dem Brandenburger Tor nicht recht geklappt hat, könnte ja bei der nächsten sich bietenden Gelegenheit besser klappen. Wieder wird Preußen ins Spiel gebracht, diesmal eine Nummer größer. Der

Alte Fritz wird »umgebettet«. Nicht etwa, daß sein Kadaver wieder einmal durch die Lande kutschiert wird, um nach Potsdam verbracht zu werden, nein, alle Welt spricht taktvoll von »umbetten«, verwendet dieses widerliche Wort, das aus dem Sprachschatz des Volksbundes für Kriegsgräberfürsorge zu stammen scheint, ein Glimpfwort für die Tätigkeit nekrophiler Buddler, direkt aus dem Wörterbuch des Unmenschen, der nicht einmal die Toten ruhen lassen mag.

Angefangen mit der Ruhestörung haben die Nazis, die die Särge vor den Russen verstecken wollten, weil die solche Sachen bekanntlich mitgehen ließen. Dann ruhten Friedrich II. und sein Vater, ein roher, als Soldatenkönig bekanntgewordener Mann, in Marburg, einem Ort, der den Hohenzollern offensichtlich nicht fein genug war. Sie holten die Särge auf ihr Hechinger Schloß. Plötzlich waren sie zu einer Art Familienbesitz geworden, kein Gut der Allgemeinheit mehr. Wenn die damalige Bundesregierung der Meinung war, daß die beiden Könige dorthin gehörten, wo Friedrich II. hatte begraben sein wollen, hätten sie deren Überreste getrost der DDR übergeben können. Wollte sie das nicht, oder wollten die Hohenzollern, die bisweilen so tun, als seien sie immer noch eine regierende Familie mit Prinzen und Prinzessinnen und einer verschimmelten Etikette, das nicht? Wer eigentlich bestimmt darüber? Im Augenblick wohl die Herren und Frauen Hohenzollern. Die Regierung tanzt nach ihrer Flöte.

Kurz und gut, diese Leute haben beschlossen, ihre Vorfahren wieder einmal auf die Walz zu schicken. Eine großartige Gelegenheit für einen symbolischen Staatsakt. Potsdam ist berühmt für dergleichen, im Namen Friedrichs II. Der Vater ist dabei eher lästig, weswegen er separat verbuddelt wird. Nur der Sohn wird feierlich aufgebahrt und darf drei Stunden lang vom Volk und vom Fernsehen bestaunt werden. Danach ist das Volk ausgeschlossen, die Familie bleibt mit ein paar aktiven Offizieren unter sich. Gemeine haben nichts dabei zu suchen, bis auf einen, das genetische Chamäleon Kohl, das sich gleichzeitig als Enkel Adenauers und als Familienmitglied der Hohenzollern fühlt. Man hat ihm seine Anwesenheit vorgeworfen, und er hat darauf erwidert, daß er dem toten König seine »Referenz« erweisen wolle. Gemeint hat er »Reverenz«, was etwas anderes ist.

Es geht aber nicht um Kohls sprachliches Unvermögen, sondern um seine fatale Sucht nach Symbolik. Das demokratische Deutschland hat mit den beiden Hohenzollernkönigen nichts zu tun und nichts gemein. Wenn es Traditionen braucht, soll es sie dort suchen, wo sie zu finden wären. Nur haben unsere Konservativen sich solcher Suche stets verweigert. Sie leben von dem, was Hans Mommsen »geborgte Geschichtlichkeit« genannt hat. Was den Nazis das verlogene »Germanenerbe« war, sind Kohl und den Seinen die Preußen. Sie haben die Weichen zurück in eine falsche Vergangenheit gestellt, und wenn wir Pech haben, ist auch dieser Zug nicht mehr aufzuhalten.

September 1991

Ich, ich – wir

Daß der Wahrheitsgehalt einer Rede sich nach der
Lautstärke des Beifalls bemißt, glaubt nach A. Hitler
nun auch Martin Walser.

Da steht also einer hinter einem Rednerpult und soll eine Rede halten, eine Sonntagsrede, wie er meint, die er aber nicht halten möchte,
und vor ihm sitzen 1200 handverlesene Zuhörer und lauschen seiner
Rede, einem Dank für den verliehenen Friedenspreis des Deutschen
Buchhandels, die nicht Frieden, sondern Unfrieden stiftet. Der Red-
ner redet nicht aus dem Stegreif, sondern verliest etwas sorgfältig Vor-
bereitetes, von dessen Gefährlichkeit er überzeugt gewesen sein muß,
denn warum sonst hätte er bemerkt, daß er vor Kühnheit zittere.

Der rauschende Beifall am Ende hätte ihn belehren können, daß
er weniger kühn war, als er zu sein glaubte, nicht die Anklage eines
Außenseiters vorgetragen hatte, sondern vielmehr etwas, das in den
Köpfen derer, die unter ihm saßen, längst seinen Platz gefunden
hatte, nicht als Minderheitsmeinung, sondern als Mehrheitsmeinung,
der er eine eigene Aura dadurch zu verleihen suchte, daß er seine politischen Bekenntnisse hinter der Sendung des Dichters versteckte.
Und den einen Dichter, der er selbst ist, hinter vielen anderen.

Er sprach von sich selbst, bald als er, bald als ich, aber je länger je
mehr so, daß hinter dem »ich« und hinter dem »er« ein drohendes
»wir« hörbar wurde, das »wir« seiner Zuhörer und das »wir« un-
gezählter anderer, die ihre Schwierigkeiten mit der deutschen Geschichte oder präziser mit der Geschichte des Tausendjährigen Reiches
haben und denken, es sei nun an der Zeit, sich der verbrecherischen

Vergangenheit zu entziehen, um sich endlich einer vielversprechenden Zukunft zuwenden zu dürfen, einer Zukunft der Normalität.

Nur, kann es Normalität geben, sind wir jetzt wirklich ein normales Volk, eine gewöhnliche Gesellschaft? Wären wir nicht normal – und wer und welche Gesellschaft ist das schon? –, dann hätte Walser eine unzulässige Schutzbehauptung aufgestellt, um sich und die Nation, deren Mehrheit jedenfalls, von Verantwortung zu befreien, wobei die Frage, wie einer, der selbst nicht schuldig geworden ist, haften könnte, Verantwortung für fremde Schuld tragen müßte, kaum zu beantworten ist. Haften wir auch für Goethe oder Marx, und wenn ja, warum? Wir haben sie nicht gemacht, sondern vorgefunden, sie unserem Geschichtsbild einverleibt, bejahend oder verneinend, aber wie sehr wir sie auch verinnerlichen mögen, sie bleiben außerhalb von uns, als andere.

Wären wir aber normal, wäre alles noch viel schlimmer, denn das müßte erst noch erklärt werden, wie eine Gesellschaft normal sein könnte, in deren Namen sechs Millionen ohne den geringsten Grund ermordet worden sind, nicht weil sie etwas getan hätten, sondern weil sie etwas gewesen sind, was sie sich nicht selbst ausgesucht haben, nämlich Juden. Auch deutsche Juden, die Teil der deutschen Geschichte gewesen sind, meist ausgegrenzt, immer wieder verfolgt und am Ende eben ermordet. Es hilft uns keinen Schritt weiter, wenn wir nach wie vor unterscheiden zwischen Deutschen und Juden, als könne es keine deutschen Juden geben, als hätte es sie nie gegeben, obgleich es sie doch in großer Zahl gab. Jetzt kaum noch, allenfalls Juden in Deutschland, aber doch unseresgleichen. Wer sie als fremd empfindet, gibt sich einem Irrbild vom vermeintlich deutschen Deutschen hin, das durch alle Erfahrung widerlegt ist.

Der da oben hinter seinem Rednerpult hat andere Gedanken. Er spricht nicht von dem vergangenen Verbrechen, dem nie erklärten und für alle Zeiten unerklärbaren Verbrechen, sondern von seiner eigenen Befindlichkeit, von dem, was er nicht ertragen will oder kann, der Instrumentalisierung der Schande zu unlauteren Zwecken, und findet bald einen, der ihm da zur Seite springt, weil deutsche Schüler im Ausland als Nazis beschimpft worden seien, weil Kohl in der englischen Presse mit Hitler-Bärtchen dargestellt worden sei und dergleichen mehr, Dinge, die man überleben kann. Als er jung war, liefen Jugendliche seines Alters hinter anderen her und schrien ›Jude, Jude‹, was kaum einer von diesen überlebt hat.

Das zeigt, was wir ja wissen könnten, daß es keine gemeinsame deutsche Erinnerung und kein gemeinsames deutsches Vergessen gibt. Wohl ist es wahr, daß nach dem endlich verlorenen Gesinnungskrieg, als beinahe alle noch gewußt haben, was geschehen, also getan worden war und welchen Anteil sie daran hatten, beide Seiten geschwiegen haben, die Opfer wie die Täter. Aber sie hatten unterschiedliche Motive. Die Opfer konnten nur weiterleben, wenn sie zu vergessen suchten, was ihnen die Täter angetan hatten, die anderen leugneten ihre Schuld, um in Ruhe weiterleben zu können, und das ging so weiter, bis eine neue Generation anfing, Fragen zu stellen, an die vermuteten Täter die Frage, was habt ihr den anderen angetan, an die faktischen Opfer die Frage, was ist euch angetan worden. Das war leicht für sie, weil sie nicht direkt involviert waren, aber es war notwendig. Obwohl unverantwortlich, hatten sie ein Bewußtsein von Mitverantwortung.

Als Martin Walser seine Rede beendet hatte, dankten ihm die 1200 mit stehenden Ovationen. Er hatte ihnen aus dem Herzen gesprochen. Genau gesagt dankten ihm 1198 stehend, zwei blieben verstört sitzen, Ignatz Bubis und seine Frau. Was wäre verständlicher gewesen bei einem Manne mit der mindestens partiellen Empfindlichkeit von Walser, wenn er sich beunruhigt gefragt hätte: warum diese beiden nicht? Gerade diese beiden, die eine ganz andere Geschichte gehabt haben als er und fast alle anderen 1198? Er hat sich das nicht gefragt, sondern sich mißverstanden gefühlt, als Bubis ihn einen Brandstifter nannte, und, was alles erst wirklich schlimm machte, zum Argument mit der Mehrheit gegriffen. 1200, hat er später gesagt, könnten sich nicht täuschen, so wie er ebenfalls später die tausend Briefe ins Feld geführt hat, die alle zustimmend gewesen seien. Wenn Bubis Ängste hatte, und wie sollte er keine haben, kann das seine Ängste nur vermehrt haben. Mit der Minderheit von Alt- und Neonazis zu leben, dürfte ihn nicht überfordern, aber wenn – für ihn – die neue Mitte Meinungen verbreitet, die bisher auf den rechten Rand beschränkt geblieben sind, wenn ihm von allen Seiten das »wir« entgegendröhnt, das ihn offensichtlich ausschließt, wie kann er dann schweigen, was kann ihn dann hindern überzureagieren?

Walser ist ja alles andere als ein Auschwitzleugner oder Antisemit, und auch Dohnanyi ist das nicht, beileibe nicht. Aber beide sind etwas mehr als erträglich mit sich selbst und ihren Gefühlen als nichtjüdische Deutsche beschäftigt und machen sich damit unfähig, sich in die Opferseite einzufühlen. Was spielt sich in einem sonst nicht leeren Kopf ab, daß der die Frage zuläßt, ob die deutschen Juden sich tapferer verhalten hätten als die meisten anderen Deutschen, wenn nur die Behinderten oder die Homosexuellen oder die Zigeuner umgebracht worden wären? Als sei der Attentismus die wahre Schande und nicht der Mord das wahre Verbrechen. Nein, man muß schon über die gußeiserne Selbstsicherheit Dohnanyis verfügen, um nicht zu begreifen, daß die Opfer vieles anders verstehen müssen, zu verstehen glauben, was für ihn lediglich ein Mißverständnis ist. Bubis, fordert er, solle sagen, daß es ihm leid tue, was er behauptet habe, wogegen ihm überhaupt nicht leid zu tun scheint, was Walser und er gesagt haben und was die Mehrheit, die ja nun nicht mehr schweigt, zu billigen scheint.

Noch einmal: Walser ist kein Antisemit, aber, abgesehen von seinem großen Mitgefühl für andere Ausgegrenzte, seien sie nun Knastis oder Skinheads, gilt seine Seelenarbeit vor allem der eigenen Entschuldung und der Entschuldung der Deutschen, der jetzt lebenden Deutschen heißt das. Es ist ja wahr, daß er den Auschwitzprozeß leidenschaftlich verfolgt hat, versucht hat, das Unbegreifliche zu begreifen mit seiner Theorie der immer nur partiellen Beteiligung an dem Verbrechen, so daß kaum einer vom Ganzen Kenntnis haben konnte. Da bleibt dann nur eine Handvoll Schreibtischtäter übrig, und der große Rest ist halb und halb freigesprochen. Die sechs Millionen Ermordeten bleiben freilich.

Januar 1999

politiker reden

Was Hänschen nicht lernt ...

Früher, als man ohne Bibelkenntnis verloren gewesen wäre, erzählte man sich die Geschichte von dem Manne, der jeden Morgen eine Losung suchte, nach der er seinen Tag einrichten wollte. Das machte er so: Er nahm eine Nadel in die rechte Hand, legte das Neue Testament vor sich auf den Tisch, schloß die Augen, schlug willkürlich eine Seite auf und senkte die Nadel auf eine beliebige Stelle, seine Stelle, seine Losung. Er schlug die Augen wieder auf und sah, daß er ans Matthäus-Evangelium geraten war, an die Geschichte von Judas und seinen Silberlingen. Was er gefunden hatte, behagte ihm nicht, denn es stand da: »er ging hin und erhängte sich selbst.« Der gute Mann, der keine Lust verspürte, sich ebenfalls zu erhängen, versuchte es ein zweites Mal. Da traf er auf den Satz des Lukas-Evangeliums: »So gehe hin und tue desgleichen!« Eben das hatte er vermeiden wollen und versuchte es deswegen ein drittes Mal, mit dem Ergebnis, daß er ans Johannes-Evangelium geriet, und zwar an die Empfehlung: »Was du tust, das tue bald!«

Diese Geschichte ist zugegebenermaßen ein wenig dümmlich, aber, weil sie eine Geschichte ist, schlüssig und ohne Brüche. Das erdachte zufällige Finden von Sätzen führt zu einem Ablauf, gegen den es logische Einwendungen nicht gibt; höchstens moralische. Ganz anders sieht es in der Wirklichkeit aus. Die Chance, mit Sätzen, die man mit der oben geschilderten Methode fände, einen zusammenhängenden Text, eine Rede zum Beispiel, zu erhalten, ist gleich Null, aber es scheint Leute zu geben, die glauben, das Glück begünstige sie so unvergleichlich, daß sie sich dieser Methode trotzdem bedienen. So einer ist der Kanzler, der kürzlich vor dem Deutschen Philologenverband sprechen wollte oder sollte oder mußte. Auch für einen Generalisten, der alles andere ist als ein Philolog, nicht eben die leichteste Sache der Welt. Er redet dort ja nicht vor seinen Parteifreunden oder seinen Wählern, sondern vor einer vergleichsweise sachkundigen Gruppe, die an seinem Munde zu hängen, nicht grundsätzlich verpflichtet ist. Nur ein kurzes Grußwort, das liegt diesem Kanzler so wenig wie den meisten Politikern; ein Viertelstündchen muß es schon werden.

Was allerdings sagt man als Kanzler in solch einem Viertelstündchen? Zeit, sich lange Gedanken zu machen, hat man nicht; aber wenigstens hat man ein Reservoir von Gemeinplätzen, aus dem sich schöpfen lassen müßte. Und man hat einen, der einem die Reden schreibt, den man zwar nicht unbedingt für sich denken, aber doch für sich suchen läßt. Dessen Kunststück besteht darin, etwas wie eine Rede zu Papier zu bringen, die jedermann für nichts anderes als eine Rede des Kanzlers halten kann. Weder darf der Kanzler überfordert werden, noch darf er redend den Eindruck erwecken, daß er plötzlich ein anderer geworden wäre, etwa einer, der Gedanken hätte. Es wäre sein Ende, denn er nähme der Nation den Glauben, daß hierzulande jeder, wirklich jeder Kanzler werden kann.

Der Redenschreiber hat keine Wahl, er muß den Kanzler reden lassen, wie dieser immer redet. Ihm wird gesagt: Ich muß über Schule und Geschichte reden, es muß etwas von Frieden und Freiheit vorkommen, ich will ein wenig Optimismus verbreiten, Europa wäre vor den Wahlen auch ganz gut, aber wenn Europa, dann auch das Vaterland, kurz und gut alles in allem etwa 150 Sätze. Machen Sie mal. Dann geht der Redenschreiber ans Werk. Sicherlich ist er so sorgfältig ausgesucht, daß er seinen Auftraggeber an Intelligenz nicht sonderlich übertrifft, was aber nicht heißt, daß er der vollendete Kanzlerimitator wäre. Er könnte straucheln, den rechten Ton verfehlen, und weil er das weder will noch darf, bedient er sich des Nadel-Tricks. Irgendwo hat er die 1500 oder 2000 Standardsätze des Kanzlers, und nun schließt er 150mal die Augen, sticht zu, diktiert das Gefundene in die Maschine, und fertig ist Kohls Rede, von kleinen Retuschen abgesehen, die das ohnedies Echte erst ganz echt machen. Bloß, die Wirklichkeit ist trostlos, die Sätze folgen aufeinander wie Kraut und Rüben, unvermittelt und ohne jede Logik, und alle Mühe, wenigstens durch ein eingeflicktes »aber« oder »denn« oder »auch« Scheinübergänge zu schaffen, ist vergebens, was aber gar keine Rolle spielt, denn auf diese Weise kommt der unverkennbare Kanzlersound zustande.

So, und was haben die Philologen mit auf den Weg bekommen? Sätze über die Verfassung, Sätze über die Geschichte und Sätze über Europa, aber leider Sätze, die sie vor ihren Klassen kaum wiederholen dürften, ohne schallendes Gelächter auszulösen. Was wir aufgebaut hätten, hat der Kanzler gesagt, könne nur ermessen, wer die Geschichte kenne, wobei die Geschichte allerdings eingeschrumpft ist auf die Weimarer Republik und das Dritte Reich. Dafür zeigt sie uns, wozu der Mensch im Guten und Bösen fähig ist und wie sehr Ideale und ihr Mißbrauch für den Gang der Geschichte verantwortlich sein können. Das ist natürlich eine hervorragende Lösung. Wo die Ideale verantwortlich sind, bleiben die Handelnden schuldlos, und endlich sind wir den törichten Satz los, daß alle bisherige Geschichte die Geschichte von Klassenkämpfen gewesen sei. Es gibt nicht länger Herrschende und Beherrschte, nur noch Brauch und Mißbrauch und das Gute und Böse. Das Gute, versteht sich, wird durch uns und unseresgleichen repräsentiert, das Böse durch die ganz anderen.

Damit wir das auch richtig begreifen, müssen wir auf der Schule mit der Geschichte vertraut gemacht werden, was aber der Fall nicht zu sein scheint. Nach wie vor kann man in einigen Bundesländern dieses Fach vor dem Abitur »abwählen«. Schlimm, schlimm, denn, noch einmal: »Nur wer die Geschichte kennt, hat die Chance, in der geistigen und sozialen Tradition seines Landes Bindung und Orientierung zu finden. Ohne Geschichtsverständnis sind weder politisches Verständnis der Gegenwart noch verantwortliche Gestaltung der Zukunft möglich.« So einfach ist das, mögen auch andere gemeint haben, daß das einzige, was wir aus der Geschichte lernten, sei, daß wir nichts aus ihr lernten. Das Rätsel läßt sich lösen, wenn man berücksichtigt, daß man nicht zu viel Geschichte kennen darf, um glauben zu können, es ließe sich aus ihr lernen. Genügte der bloße Geschichtsunterricht, dann hätte Weimar ein ewiges Leben haben müssen, denn damals hat niemand dieses Grundfach »abwählen« dürfen. Der Faschismus kam trotzdem, und der Geschichtsunterricht hat zum Untergang Weimars genausoviel beigetragen wie alle anderen Fächer auch.

Immerhin, wenigstens der Kanzler hat außer dem Walten des Guten und des Bösen auch ein paar speziellere historische Kenntnisse erworben, die er den Philologen auf seine schlichte Weise nahezubringen gewußt hat, etwa: »Die Völker in Europa haben in ihrer Geschichte viele Kriege erleben und durchleiden müssen, allein in diesem Jahrhundert zwei Weltkriege.« Eine wunderbar einprägsame Formel, die den Lehrern endlich klargemacht haben dürfte, warum Geschichte ein so bitter notwendiges Fach ist. Wenn sie ihren Schülern dann auch noch begreiflich machen können, daß diese beiden Weltkriege sich dem Mißbrauch von Idealen verdanken, dann haben sie sie zu dem erzogen, was in des Kanzlers Augen mündige Bürger sind. Dann werden sie ihm auch darin zustimmen, daß »ganz besonders wir Deutsche aus dieser leidvollen Geschichte gelernt« hätten.

Und was haben denn wir Deutschen ganz besonders gelernt? Daß es zur Politik der Einigung Europas keine Alternative gebe. Kurz gesagt, Frankreich ist nicht länger – was der Kanzler noch auf der Schule gelernt haben will – unser Erbfeind. Erbfeinde haben wir überhaupt nicht mehr, höchstens noch ideologische Gegner, die deswegen besonders lästig sind, weil sie keine freiheitliche demokratische Grundordnung haben, keine Wertegemeinschaft darstellen wie die NATO, »die im gemeinsamen Bekenntnis zu jenen unveräußerlichen Menschenrechten ihre Grundlage hat, ohne die es eine dauerhafte Friedensordnung nicht geben kann«. Bravo! Die Lehrer brauchen nur noch dafür zu sorgen, daß ihre Schüler dieses famose Bekenntnis nicht mit einem Lippenbekenntnis verwechseln, was sie am leichtesten vermeiden, wenn sie die Türkei mit keinem Worte erwähnen, den Vietnam-Krieg und die nordamerikanische »Hinterhof-Politik« als Verkehrsunfälle entschuldigen und auf den Unterschied zwischen geschriebener Verfassung und Verfassungswirklichkeit mit keinem Worte eingehen. Schließlich geht es ja um Europa. Aus Europa kommen, nach dem, was der Kanzler auf der Schule gelernt hat, »die guten Sachen: die Menschenrechte, die freie Entfaltung der Persönlichkeit, der Sozialstaat.« Da kann man doch nur für Europa sein und lieber die paar Kleinigkeiten, die das schöne Bild trüben könnten, anderen in die Schuhe schieben: die Inquisition, die Sklaverei, den Antisemitismus, den Faschismus. Tut man das, kann man beruhigt behaupten, daß es um den geistigen, kulturellen, wissenschaftlichen und sozialen Reichtum gehe, wenn Europa geeinigt werden sollte. Noch einmal: Bravo! Sollen die Philologen nur sehen, wie sie ihren Kopf aus dieser Schlinge bekommen. Wenn alles gut geht, kommen sie gar nicht bis zur EWG und brauchen kein Wörtchen darüber zu verlieren, daß seit Kohls Großvater so gut wie nichts für das geistige, kulturelle und wissenschaftliche Europa getan worden ist, alles aber für die Wirtschaft und besonders für die Landwirtschaft, daß die Lehrerschwemme nichts ist gegen die Milchschwemme, der Soziologenberg nichts gegen den Butterberg und die Sozialhilfe für die falsch Ausgebildeten nichts gegen die Agrarsubvention.

Viel besser täten die Lehrer daran, ihren Schülern klarzumachen, daß »Entwicklungen und Entscheidungen im demokratischen Prozeß mehr Zeit brauchen als in totalitären Regimen«. Ein wunderbarer Trost, der noch süßer wird dadurch, daß der Kanzler wünscht, es solle von der »Unverbrüchlichkeit der Rechtsordnung« gehörig die Rede sein. Kann er das tatsächlich wollen? Er, der mutige Streiter für die »Spendenamnestie«? Er, der die Rechtsordnung wenn nicht hat zerstören, so doch stören wollen um des geistigen, kulturellen und wissenschaftlichen Reichtums Europas willen? Um des Rechtes auf freie Entfaltung der Persönlichkeit willen? Um der Grundrechte willen? Um dessentwillen, was er, da die »Kultur« ihm fremd zu sein scheint, »politische Kultur« zu nennen pflegt?

Selbstverständlich »bekennt« er sich zu den Rechten, aber damit die Philologen nicht übermütig werden, rät er ihnen nicht nur, vorsichtig zu sein bei der Behandlung des Rechtes auf Wehrdienstverweigerung, sondern sagt ihnen auch goldene Worte über die Pflichten, und weil ihm der Gegenstand so besonders wichtig ist, hilft er mit einem Zitat nach, mit dem, was er Herbert Weichmanns »einprägsamen Satz« nennt: »Wer Rechte hat, hat auch Pflichten.« Ja, für einen so tiefen Gedanken braucht man eine Autorität, was noch den Vorteil hat, daß man zitierend teilhat am kulturellen Erbe Europas. Weichmann ist da eher ein Notbehelf; besser macht es sich, wenn man sich auf Francis Bacons Wort beruft, daß Wissen Macht sei, und tiefsinnig hinzufügt, daß Wissen »vor dem Gefühl des Ausgeliefertseins« schützen könne; aber am besten ist immer Jacob Burckhardt, gesetzt, man könnte wenigstens seinen Vor- und seinen Nachnamen richtig schreiben. Das kann der Kanzler, der eine bessere Schule für die Zukunft möchte, leider nicht, ganz, als wolle er den Satz widerlegen, daß Gott dem, dem er ein Amt gebe, auch Verstand gebe. Es gibt nur zwei Möglichkeiten: Entweder ist der Satz falsch oder der Kanzler hat sein Amt nicht von Gott bekommen (falls es Gott gibt, natürlich).

Juli 1984

Auf dem Repräsentierteller

Es ist Richard von Weizsäckers Sache, nur windelweiche Positionen zu beziehen. Und er macht seine Sache gut.

Der Bundespräsident ist kein mächtiger Mann; politisch handeln kann er kaum. Er ist da fürs Vorzeigen, auf der einen Seite der in die Republik gerettete Schemen ehemaliger Monarchen, auf der anderen eine Art Notar für Beurkundungszwecke. Auf dem Papier steht, daß er den Bundeskanzler ernennt und entläßt, hohe Beamte des Bundes und Militärs ernennt und entläßt, das Begnadigungsrecht ausübt. In der Wirklichkeit tun das ganz andere, die freilich seiner Unterschrift bedürfen. Mit anderen Worten: Er nimmt in aller Regel hin, was ihm vorgeschlagen wird, und gibt seinen Segen dazu.

Er ist ein Luxus, es ginge auch ohne ihn. Man brauchte ihn nicht oder nur, wenn man verstohlen der Monarchie und ihrem Scheinglanze nachtrauerte. Alle seine Tätigkeiten könnten andere Verfassungsorgane übernehmen, ohne Schaden. Es muß nicht er sein, der den Bund völkerrechtlich vertritt, Gesandte beglaubigt und empfängt. Seine Unterschrift unter zwischenstaatlichen Verträgen ändert nichts daran, daß er nicht den geringsten Einfluß auf ihren Inhalt und ihr Aushandeln hat. Im besten Falle ist er eine Symbolfigur, die dem Gemüte derer wohltut, die ohne Symbole nicht glauben leben zu können. Eben ein Ersatzkaiser, dem alle Zähne gezogen sind, der möglichst freundlich sein soll und die anderen ihre sehr viel schmuddligere Arbeit tun läßt.

Wo das Volk der Souverän sein soll, kann er nichts weiter tun, als den Souverän zu spielen, stellvertretend für die sechzig Millionen, von denen eben nur einer ganz oben stehen darf, ein Phantomsouverän auf Zeit, auf fünf oder zehn Jahre, nicht vom Volke gewählt, sondern von der Bundesversammlung, also von Parteivertretern, in aller Regel ein Parteimann, der von einem Tag auf den anderen seine parteipolitischen Vorlieben vergessen soll, um alle vertreten zu können, gegen ein gutes Salär und eine Altersversorgung, die ein wenig mehr als angemessen ist.

Die CDU hat bisher wenig getan, um dieses Repräsentationsamt glänzen zu machen. Adenauer hat es einmal haben wollen und dann doch wieder nicht, als ihm klar wurde, daß der Präsident kein Überkanzler sein dürfe. Da hat er es nicht bloß verachtet, sondern sich auch verächtlich darüber geäußert, um es schließlich Lübke zuzuschanzen, über den die Bundesrepublik gemeinsam mit der halben Welt gelacht hat, über sein Auftreten wohlgemerkt, nicht über seine ziemlich dunkle Vergangenheit. An ihn erinnert sich heute keiner mehr, auch nicht an den nächsten CDU-Präsidenten, der einem peinlichen Prozeß nur deswegen entging, weil er Präsident wurde.

Beim dritten Anlauf hat die CDU ein besseres Ergebnis erzielt, obwohl oder gerade weil der Kanzler Kohl diesen Mann nicht auf diesem Posten sehen wollte. Er hat es nicht verhindern können, weil Richard von Weizsäcker seine Kandidatur mit dem Geschick eines vollkommenen politischen Profis betrieben hat. Und ebenso übt er auch sein Amt aus. Er ist vorzeigbar und kann besser repräsentieren als beinahe alle seine Vorgänger. Kurz und gut, er macht Figur, er ist beliebt, vor allem aber geachtet, und hütet sich vor popularistischen Mätzchen wie Wanderungen durch die deutschen Gaue oder dem Singen von kitschigen Liedern.

Nein, so peinlich wirft der amtierende Bundespräsident nicht mit der Wurst nach der Speckseite der Volksgunst. Zwar erinnert er in keinem Augenblick an den leidenschaftlichen Demokraten Heinemann, aber doch an den redelustigen Theodor Heuss, der durch Worte überzeugen wollte, durch Bildung, durch autoritäre Liberalität.

Die Reden von Heuss klingen heute, mehr als vor dreißig Jahren, ein wenig hohl und pathetisch, politisch nur, weil sie unpolitisch sein sollten und auch mußten, denn sie kamen ja aus dem Munde eines Mannes, der in vollem Bewußtsein dem Ermächtigungsgesetz zugestimmt hatte und deswegen nicht immer so glaubhaft erscheinen konnte, wie er gern erschienen wäre.

Weizsäcker hat es da besser. Man glaubt ihm; man glaubt ihm vor allem deswegen, weil er kaum ein Jahr nach seiner Ernennung aus Anlaß des 40. Jahrestages der Beendigung des Zweiten Weltkrieges einiges gesagt hat, was nicht ins Klima der Wende zu passen schien, kein Wasser auf die Mühlen der Partei fließen ließ, für die er gerade noch in Berlin die Geschäfte geführt hatte, und zwar gar nicht schlecht. Er hat es verstanden, nicht im Berliner Sumpf zu versinken, sondern über ihm und den Wassern zu schweben, so vorsichtig und so abstinent, daß ihm nicht einmal der Vorwurf gemacht worden ist, er habe alle Anstrengungen unterlassen, diesen Sumpf auszutrocknen.

Er ist einmal kein Mann der Niederungen. Daß es die gibt, ist ihm wohlbekannt, daß sie das Bild dieser Republik bestimmen, ist ihm nicht verborgen, aber da ihm das Großreinemachen nicht liegt, spricht er nach Möglichkeit auch nicht von dem, was reingemacht werden müßte, sondern beschränkt sich auf leise Andeutungen, daß irgendwo etwas nicht ganz in Ordnung sei, wie überall dort, wo Menschen handelten, daß es aber der Vorzug der Demokratie sei, »mit bösen Ereignissen und Skandalen fertigzuwerden« oder fertigwerden zu können. Eine Möglichkeit, aber keine Gewißheit.

Eine Schweinerei wird er nie eine Schweinerei nennen, auch kaum ein politisches Verbrechen ein Verbrechen – es sei denn, Terroristen hätten es begangen, Berufsterroristen, nicht Politiker –, er spricht sehr viel lieber von »einzelnen, kleineren oder größeren und ganz schlimmen Dingen«, von »schweren Vorkommnissen«, die einzelnen, wenigen verdankt würden und auf diese Weise nichts mit dem

»Ich informiere mich, ich stehe zur Verfügung, falls ich gebraucht werde, und einmischen tue ich mich nicht.«
Richard von weizsäcker, 1987

Charakter des Parteienstaates und Verbändestaates zu tun haben können. Und die Folgen dieser »Dinge«? Die sind eher positiv, da nicht geleugnet werden könne, »daß alle davon sich in der Tiefe betroffen fühlen und sich damit auseinandersetzen«. Das kann die Herren Kohl, Stoltenberg und Geißler nur freuen.

Solches vorsichtige Abwägen, oder besser noch: diese Tendenz, keine ganz eindeutige Stellung zu beziehen, sich nicht zu weit vorzuwagen, ist kennzeichnend für Weizsäcker. Er sagt das eine wie das andere, mit gespaltener Zunge. Während er den Wendepolitikern und den Wendehistorikern die Unvergleichlichkeit der nationalsozialistischen Verbrechen vor Augen hält und sich damit die Zustimmung derer sichert, die links der CDU stehen, tröstet er seine angestammte Klientel mit dem Hinweis, daß die Ausführung dieser Verbrechen in der Hand weniger gelegen habe, Schuldgefühle also offenbar nicht aufzukommen brauchten.

Besonders fortschrittlich ist er, bei allem Notwendigen und Richtigen, das in seinen Reden steht, mit und in seinem Amte nicht geworden, nur noch ein wenig taktischer. Wenn er endlich alle repräsentiert, müssen auch alle bedacht werden, und zwar gleichzeitig. Für die einen das Eingeständnis dessen, was die Deutschen fremden Völkern angetan haben, für die anderen den Hinweis auf die Opfer, die sie selbst haben bringen müssen. Oder für die einen den Hinweis auf den Schrecken der Diktatur, für die anderen die Versicherung, daß die meisten Deutschen geglaubt hätten, für die gute Sache des eigenen Landes zu kämpfen und zu leiden.

Wenn trotzdem auf der nicht-konservativen Seite die Zustimmung für Weizsäcker fast ungeteilt ist und Kritik allenfalls von der konservativen Seite kommt, kann das nur ein Beweis dafür sein, wieviel Terrain die Beschwichtiger und Abwiegler in den letzten Jahren gewonnen haben. Denn wohl fordert der Bundespräsident ein »wahrhaftiges Verhältnis zur Vergangenheit«, aber dort, wo es brenzlig wird, läßt er die Stimme sinken. Jede Frau und jedermann wird es als angenehm empfinden, wenn er den Frauen versichert, sie hätten »in den dunkelsten Jahren das Licht der Humanität vor dem Verlöschen bewahrt«. Das klingt so poetisch wie edel, aber haben die deutschen Frauen wirklich nur gebangt und gearbeitet, »getrauert um gefallene Väter und Söhne, Männer, Brüder und Freunde«? Haben viele von ihnen nicht auch fanatisch an den »Endsieg« geglaubt, Hitler vergottet und vergöttert, Juden verachtet, Andersdenkende denunziert und dem Henker ausgeliefert? Bis zu solchen Fragen, deren Beantwortung nicht zu schwer fiele, läßt sich Weizsäcker nie treiben, weil sie den Konsens, an dem ihm alles gelegen ist, unmöglich machen könnten.

Er hat sich einen bequemen Part gewählt, den nämlich, parlando Fragen zu stellen, aber keine Rezepte bereitzuhalten, was auch heißt, keine konkreten Antworten zu geben. Es ist sinnvoll, wenn er nach dem Grad unserer Toleranz fragt oder nach unserem Umgang mit »psychisch kranken Bürgern«, aber es ist sinnlos, daß er sich scheut, von der Wirklichkeit zu sprechen, die hinter diesen Fragen liegt. Weniger sinnvoll ist es, daß er eine lange Rede über die Frage hält, was das denn eigentlich sei: deutsch? und am Ende dieser langen Rede weder er noch irgendwer sonst die Antwort kennt.

Er liebt es, irgend etwas irgendwo anzutippen, meist das, was den Konservativen wichtig ist, das Nationalgefühl, die Heimat, die deutsche Mittellage, und genau an diesen Stellen zeigt sich, daß er Scheingefechte führt und der Wendepolitik sehr viel näher ist, als seine halblinken Bewunderer erkennen können – der Wendepolitik und den Wendehistorikern, und unter denen besonders Michael Stürmer und (in der Bürgerkriegsfrage) Ernst Nolte.

Brandenburg und Preußen sieht er durch die alte Brille, und bei dem Gedanken, daß das Bürgerbewußtsein gegenüber dem Staatsbewußtsein an Stärke gewonnen hat, scheint ihm, dem der Staat so viel bedeutet, nicht recht wohl zu sein, so wenig wie bei dem Frankfurter Urteil, das die Aussage für zulässig gehalten hat, Soldaten seien potentielle Mörder, denn zu der Klientel, die er sich erhalten möchte, gehören auch die Soldaten. Was sie angeht, läßt er nicht einmal eine Frage zu.

Februar 1988

remember, remember

Man klagt nicht, man schweigt nicht, man spricht.
Und das möglichst unbedacht.

Niemand hat sie gerufen, aber alle sind sie gekommen. Offenbar gab
es etwas zu feiern, offenbar ging es um »Feiern zur fünfzigsten
Wiederkehr« des 9. Novembers 1938; so jedenfalls will es die *Frankfurter Allgemeine* sehen. Tatsächlich aber gab es Anlaß zu vielem,
zum Gedenken, zum Erinnern, zum Trauern, aber nicht zum Feiern.
Die einen, wenigen, trauerten wie jedes Jahr um die sechs Millionen
von deutscher Hand ermordeten Juden. Da wollten die anderen, die
vielen, nicht abseits stehen, sondern teilhaben an der Trauer derer,
deren Trauer sie selbst so oder so verschuldet haben. Denn natürlich,
wer sich unter die Trauernden mischt, scheint ein wenig weniger mit-
schuldig zu sein, was er selbst dann nicht wäre, wenn er schwiege
und die Betroffenen ruhig und würdig klagen ließe.

Da kennt man allerdings die Repräsentanten unserer Gesellschaft
schlecht, wenn man glaubte, sie könnten oder wollten schweigen.
Vom Schweigen haben sie ja nichts, schweigend werden sie kaum gezeigt, kommen sie kaum ins Bild, in das sie sich setzen wollen. Mögen
sie auch noch so oft bewiesen haben, daß sie unbelehrbar sind, unfähig, zu verstehen, was sie von denen trennt, die in ihrem Namen
»ausgerottet« worden sind, sie ergreifen, was ihnen als Gelegenheit
erscheint, beim Schopfe, mit aller Gewalt, die ihnen zur Verfügung
steht, bis die Trauerstunde der Geschundenen das Aussehen einer
Feierstunde der Nutznießer alten Schindens bekommt.

Niemand hatte Helmut Kohl in die Frankfurter Synagoge eingeladen. Man hatte den Bundespräsidenten eingeladen, dort eine Ansprache zu halten, was dieser abgelehnt hat. An seine Stelle hat sich der Kanzler gedrängt, als hätte nicht genügt, was er in Israel von sich gegeben hat, als hätte seine Bitburger Inszenierung nicht mehr als genügt. Mit ihm kam der Hessische Ministerpräsident, mit ihm kam der Frankfurter Oberbürgermeister, der immer noch glaubt, ein »Deutscher« müsse oder könne die deutsche Geschichte anders sehen als ein Jude, derselbe Oberbürgermeister, in dessen Verantwortung die Zerstörung der Ghettoreste liegt. Und es kamen selbstverständlich auch all die Honoratioren, die sich sehen lassen müssen, wo es etwas zu sehen gibt. Sie haben sich anpassen wollen und konnten doch nicht verhindern, daß sie aussahen wie Schmierenschauspieler, die sich schnell im Theaterfundus ein passendes Kostüm geholt hatten. Wallmann vor allem, aber auch Kohl, der die Synagoge barhäuptig betrat und erst durch wiederholte Rufe »er hat keinen Hut« sich genötigt sah, in der Garderobe nach einem Käppchen zu verlangen, das ihn nicht eben zierte.

Immerhin, die Westendsynagoge ist groß genug, es gab auch noch Plätze für Juden. Die einen waren gekommen, weil sie meinen, daß die Teilnahme von Staat und Gesellschaft ihnen so etwas wie Sicherheit verschafft, andere waren gekommen, um sich zu empören, viele, weil sie Jahr für Jahr kommen, und viele andere waren nicht gekommen aus Wut über solche Anbiederung an die Macht, aus Wut vor allem über die Anwesenheit Kohls, der genau wußte, daß er nicht willkommen war und warum er nicht willkommen war, aber gelernt hat, auszusitzen, was er anders nicht beherrschen kann.

Sein Redenschreiber muß diesmal vorsichtiger gewesen sein als sonst, aber alles hat nichts geholfen, denn wieder hat er beschwichtigt und bemäntelt, es fertiggebracht, die vielen zu erwähnen, die damals verfolgt worden sind und noch unter uns leben, nicht aber die mehreren, die damals verfolgt haben und besser unter uns leben. Wieder hat er sich der ausgrenzenden Formel von den »jüdischen Mitbürgern« bedient, und als Protest aufkam, als einige riefen »Bürger, Bürger«, andere aber »Bitbürger, Bitbürger«, diesen Protest mit der Gewalt des Mikrophons und der billigen Anspielung auf die »Würde des Gotteshauses« heruntergebügelt. Sein kritischstes Wort an dem Tage, der an sechs Millionen Ermordete erinnern sollte, hieß, wie üblich, »schlimme Jahre«, und er konnte es auch nicht lassen, die trauernden Juden darauf aufmerksam zu machen, daß es ja auch solche gegeben habe, die dagegen gewesen seien. Wallmann allerdings konnte das noch besser, bis hin zur offenen Rühmung des deutschen Widerstandes, ohne auch nur ein Wort darüber zu verlieren, daß dieser wunderbare deutsche Widerstand alles andere im Sinn gehabt hat als Freiheit, Gleichheit und Brüderlichkeit auch für die Juden. Stattdessen hat er an Siedlungsgebiete auf Madagaskar oder in Kanada gedacht, vor allem aber an die automatische Ausbürgerung aller Juden, um das zu erreichen, was damals die »Lösung der Judenfrage« hieß. Vielleicht wußten das die Teilnehmer dieser »Feierstunde« nicht, aber Wallmann und Kohl hätten es wissen müssen. Es war schon viel, daß auch der Vorsteher der jüdischen Gemeinde ein paar Worte sagen konnte, daß auch Heinz Galinski eine Rede halten durfte. In der Synagoge konnte ihn keiner daran hindern, während es dem Bundestagspräsidenten ein leichtes gewesen war, Galinski daran zu hindern, im Deutschen Bundestag aufzutreten. Wenn eines deutlich im Verhältnis dieser Mehrheit zu dieser Minderheit ist, dann das: Die nichtjüdische Mehrheit hat selbstverständlich ein Recht, sich in der Synagoge zu Wort zu melden, aber nie und nimmer hat die jüdische Minderheit ein Recht, im Bundestage zu Wort zu kommen, nicht einmal an einem solchen Gedenktage.

Es sollte nur eine Rede geben, und die wollte der Bundestagspräsident selbst halten; nicht, weil er – wie sich gezeigt hat – die Kompetenz dazu gehabt hätte, sondern weil er die Macht dazu hatte. Es war seine letzte Rede als Bundestagspräsident. Er hat sich selbst gestürzt, sich selbst untragbar gemacht, weil er unerträglich war. Selten

»Die Jahre von 1933 bis 1938 sind selbst aus der distanzierten Rückschau
und in Kenntnis des Folgenden noch heute ein Faszinosum.«
Philipp Jenninger, 10. November 1988

hat sich so deutlich gezeigt, daß Gott oder wer immer dem, dem er
ein Amt gibt, nicht auch gleichzeitig den Verstand dazu gibt. Oder
anders ausgedrückt: Die Frauen und Männer, die von ihren Parteien
in ein Amt gehievt werden, mögen für den Alltag taugen mit ihrem
Minimalvorrat an bedenkenswerten Gedanken, mit ihren Sprechbla-
sen, ihren eingelernten Phrasen, den hoffnungslosen Versatzstücken
ihrer politischen Routine – für den Ausnahmefall taugen sie selten.
Da hilft ihnen auch nicht, daß sie für sich denken lassen, sich ihre
Reden schreiben lassen von Leuten, die bisweilen nicht ganz so ah-
nungslos sind; sie leiden doch Schiffbruch, und zwar im schlimmsten
Falle, weil sie die Reden, die sie vortragen, gar nicht verstanden haben.

Wer immer Jenningers Rede geschrieben haben mag, er muß vergessen haben, wer sie halten sollte. Selbst wenn man beiseite läßt,
was in dieser Rede gefehlt hat, so hat sie doch genug enthalten, was
selten gesagt wird, vor allem Sätze über die mehrheitliche Zustimmung der Deutschen, über ihr leidenschaftliches Engagement für ihr
verbrecherisches Regime, und nichts wäre gegen die Bemerkung zu
sagen, daß vor allem die Deutschen sich erinnern müßten, in deren
Mitte die Verbrechen geschahen, wenn es nicht gleichzeitig geheißen
hätte, nicht die Juden müßten sich in erster Linie erinnern. Sie können
gar nicht anders, während die Täter vierzig Jahre lang gezeigt haben,
daß sie sehr gut anders können. Vielleicht hätte man diese Sätze auch
so vortragen können, daß sie verständlich, wenn nicht verstehbar geworden wären; nur, Jenninger konnte das nicht.

Wer gehört hat, wie er mit dem Tone eines Verwaltungsbeamten
die lange zeitgenössische Passage über ein Judenmassaker verlesen hat
und anschließend die berüchtigte Rede Himmlers vor SS-Leuten,

ohne eine wahrnehmbare Spur von Trauer oder Entsetzen, oder ein Brechen der Stimme, ohne Schaudern und schließlich ohne Wut, als halte er ein Referat in der Oberschule, der wird nicht wünschen können, daß diese Rede je gehalten worden wäre – und noch viel weniger, daß sie so gehalten wurde. Der Einfall des Redenschreibers, diese beiden Töne aufeinanderstoßen zu lassen, den der Fassungslosigkeit und des Mitleidens auf der einen und den der Roheit und Unmenschlichkeit auf der anderen Seite, war so schlecht nicht, aber in Jenningers Munde mußte er verkommen, weil die Töne sich nicht mehr unterscheiden ließen, von Wärme für den einen, von Verachtung für den anderen nichts zu spüren war.

Bei einem Manne, der unfähig ist, ein Anführungszeichen mitzusprechen, spielt es schon kaum noch eine Rolle, ob der geschriebene Text Anführungszeichen enthielt, wo sie notwendig gewesen wären. Wie muß einer beschaffen sein, der noch heute vom Führer und nicht vom »Führer« spricht, der gelassen die Wiedereingliederung der Saar, die Einführung der allgemeinen Wehrpflicht, die Rheinlandbesetzung, die Olympischen Sommerspiele aneinanderreiht wie die Glieder einer kostbaren Perlenkette, ohne auch nur antönen zu lassen, was das damals alles bedeutet hat, für die Opfer dieser Politik nämlich? Er muß so beschaffen sein, daß es einen wunderte, wenn in dieser Reihung das Münchener Abkommen, der »Anschluß« Österreichs, die »Angliederung des Sudetengaues« gefehlt hätten.

Es mag ja sein, daß der Redenschreiber voller Ironie die Wörter »Vollbeschäftigung«, »Wohlstand für breiteste Schichten«, »Wunder« hingetippt hat. Nur, was ist einem Biedermann wie Jenninger die hohe Kunst der Ironie? Was wird aus solcher geplanten Ironie, wenn Rauschnings verzweifelte Bemerkung, »Was geht es uns an! Seht weg, wenn euch graust. Es ist nicht unser Schicksal«, bei Jenninger zur reinen Affirmation verkommt? Was wird aus bitterbösen, ironischen Fragen, die die Mehrheitsstimmung charakterisieren sollten, aus der Frage, ob die Juden nicht endlich einmal Einschränkungen

in Kauf nehmen mußten, ob sie nicht verdient hätten, in ihre Schran-
ken verwiesen zu werden, ob sie sich nicht eine Rolle angemaßt hätten, die ihnen nicht zukam, wenn ein Mann wie ein Buchhalter ihnen
durch seine Stimme Berechtigung zu verleihen scheint? Und schließlich: Durfte die Stunde des Denkens an sechs Millionen Hingemordete
auch nur einen Augenblick zur Stunde der Ironie werden?

Dezember 1988

Rede, daß ich dich sehe

Zwei Männer. Zwei Reden. Beide daneben.

Noch nie haben sich, wenn nicht alles täuscht, Bundeskanzler und Bundespräsident so wunderbar aufeinander gereimt, daß sie fast austauschbar scheinen – aber eben nur scheinen. Sie gleichen sich in ihren hochkonservativen Überzeugungen, in ihrem gnadenlosen Ehrgeiz und vor allem in ihrer trostlosen Unfähigkeit, Reden zu halten, die auch solche mitreißen könnten, die nicht ihre Gesinnungsgenossen sind. Es sind hölzerne Männer, tapsig und täppisch und ganz unfähig, sich vom heimischen Dialekt zu lösen. Was Hochsprache ist, ist ihnen so fremd wie deren unerschöpfliche Möglichkeiten des vollkommenen Satzbaus und der sinnvollen Wortwahl.

In Deutschland ist das kein Jammer, und niemand verdenkt ausgerechnet den Politikern solche Schwächen, die sie mit der großen Masse teilen, vor allem mit jenen, die es besser können sollten: Nachrichtensprechern, Journalisten, Professoren. Ihnen allen ist die eigene Sprache ein Stiefkind, keine Wunderwelt, sondern ein Irrgarten, aus dem sie den richtigen Weg nur selten finden. Andernorts ist das anders, auch dort, wo Sprache und Sprechen nur wenig über die Klassenzugehörigkeit aussagen. Das kann nicht daran liegen, daß das Deutsche nichts taugte, keine Regeln hätte, zum Mißbrauch verlockte, sondern nur daran, daß anderen Kulturen ihre Sprachen mehr bedeuten und es ihnen gelungen ist, wenigstens ihren Eliten, was immer die sein mögen, das Bewußtsein zu vermitteln, wie schön das schöne Sprechen sei und daß öffentliches Sprechen dazu diene, den Zuhörern einen Eindruck von dieser Schönheit zu geben.

Diejenigen, die sich als »politische Klasse« zu bezeichnen belieben, haben ja nicht Italien oder Frankreich oder England zum Vorbild – von Ausnahmen immer abgesehen –, sondern die Vereinigten Staaten, die mit dem kolonialen Joch auch einiges andere abgeschüttelt haben. Das leuchtet ihnen ein, gleichgültig, ob sie des Englischen mächtig sind oder nicht: Wer hier Erfolg haben will, redet, wie ihm der Schnabel gewachsen ist, stammhaft.

Politische Rede hat sich in diesem Jahrhundert zwischen Kristallpalast und Hofbräuhaus abgespielt, in einer Stimmung von Demagogie und Bierdunst, als Folklore, so blödsinnig wie längst Karnevals- oder Faschingsveranstaltungen, bei denen alles mögliche weht, auf keinen Fall aber der sogenannte Geist. Ob wir den von Politikern verlangen können, ist mehr als fraglich. Sie werden ja nicht gewählt oder aufgestellt, weil sie geistvoll wären, sondern weil sie ihrer Klientel einen Nutzen versprechen, weil sie machtversessen, weil sie intrigant sind, weil sie nicht ständig das Grundgesetz unter dem Arm haben. Sie sollen möglichst so sein wie alle anderen auch, gern bodenständig, gern auch volkstümlich. Schließlich repräsentieren sie in einer repräsentativen Demokratie die große Mehrheit, die es mag, wenn »die da oben« sprechen wie »die da unten«.

Kurz und gut, wie viele Kriterien einen Politiker wählbar machen: Die Sprache gehört nicht dazu. Das wäre nicht schlimm, wenn die Politiker nicht so ungeniert redeten, je höher im Rang, um so öfter, und zwar nicht, weil sie etwas zu sagen hätten, sondern weil sie sich von jeder Rede einen Erfolg bei den Wählern versprechen. Vielleicht ist das ihre Aufgabe – aber müssen sie diese Aufgabe so unbedarft lösen? Gut, sie haben viel zu tun, kaum je Zeit für die Arbeit am Text, der dann in der Regel auch gar nicht von ihnen stammt. So wie einige Leute nicht selbst denken, sondern andere für sich denken lassen, lassen sich die Politiker ihre Reden von anderen schreiben. Zwar wollen sie etwas sagen, als hinge das Geschick der Welt davon ab, daß gerade sie es sagten, aber was sie dann von sich geben, müssen sie meist mühevoll vom Blatt lesen, gelegentlich ohne es auch nur zu verstehen, wenn der Redenschreiber intelligenter war als sie selbst. Denn wenn sie frei sprächen, was sie nie gelernt haben, würden sie Dinge sagen, die mehr über sie selbst verrieten, als sie verraten mögen.

Das hört sich verzwickter an, als es in Wirklichkeit ist, denn die meisten käuflichen Redenschreiber wissen gut, was sie ihren Rednern zumuten dürfen, und es könnte sein, daß sie ausgewählt werden nach dem Prinzip der größten Deckungsgleichheit. So kommt es, daß eine Rede von Kohl immer eine Rede von Kohl ist, wer immer sie geschrieben haben mag. Nichts spricht dafür, daß er selbst außer ein paar Vorgaben irgend etwas dazu gibt. Mit Herzog steht es kaum anders; der hatte das freie Wort gewählt, wählen müssen, weil er noch nie im Amt war und damit über keinen Redenschreiber verfügte – mit einem so katastrophalen Ergebnis, daß er sich lauthals nach dem Apparat sehnte, der ihm künftige Entgleisungen ersparen sollte.

Er wollte seinen öffentlichen Einstand mit einer Rede zum 20. Juli geben, aber das hat Kohl verhindert, der die Gelegenheit selbst zu nutzen wünschte, und Herzog hat ihm nachgegeben, obwohl doch er das höchste Staatsamt innehat, er und nicht der Kanzler. So wird man abhängig vom Königsmacher, der eine Königswahl vorgetäuscht hat. Herzog zog dankbar den Kopf ein und begnügte sich mit einer Rede in Warschau aus Anlaß des Warschauer Aufstandes, den er gerade noch rechtzeitig vom Aufstand im Warschauer Ghetto zu unterscheiden gelernt hatte. Man sieht, auch ein Einserabitur bildet selten für das Leben. Das Unglück will, daß der in vielen Sätteln gewandte Herzog Jurist ist und nicht, wie Kohl von sich behauptet, gelernter Historiker.

Herzog also hielt seine Rede in Warschau, oder doch nicht seine, sondern die seines Redenschreibers, der sich durch einen Akt der Mimikry in die Stimme seines Herrn verwandelt hatte. Obgleich die Polen angetan schienen von dem, was sie zu hören bekamen, war die Rede ein Desaster, stilistisch wie inhaltlich. Banalität des Guten. Zwar hat Herzog die Polen – und das hatten sie wohl erwartet – um Vergebung für das gebeten, was die Deutschen ihnen angetan haben, aber gleichzeitig trat er auf als Gutsherr, der den geschundenen Knechten die Hand zur Versöhnung reicht, statt darauf zu warten, ob die Geschundenen ihrerseits versöhnungsbereit wären.

Zu seinem Glück sprach er vor Ausländern, taktvollen Ausländern, die ihm nicht bedeuteten, daß man zwar etwas durch ein Vergrößerungsglas sehen kann, nichts aber in einem Vergrößerungsglas; sie haben ihn auch nicht darauf aufmerksam gemacht, daß das polnische Leiden unter den Deutschen nicht am 1. September 1939 begonnen hat, sondern, wenn man alles andere vergessen will, anderthalb Jahrhunderte früher, mit den Polnischen Teilungen. Und schließlich war da auch niemand, der die Formulierung »In diesem Rahmen werden sich Polen und Deutsche die Hand reichen können, so wie es zwischen Franzosen und Deutschen längst Wirklichkeit geworden ist« unsäglich gefunden hätte. Wie schon andere bemerkt haben, genügt es offenbar nicht, daß einer nichts zu sagen habe. Er muß auch noch unfähig sein, es auszudrücken.

Schön, Herzog ist ein Anfänger und offensichtlich zufrieden mit seiner Jungfernrede. Aber Kohl ist ein Routinier, und wenn er so wild entschlossen war, seinem Volke zu erklären, was es mit dem deutschen Widerstand auf sich hatte, muß er zum mindesten selbst geglaubt haben, daß er Entscheidendes beizutragen habe. Täuschung. Nichts Neues, kein einziger eigener Gedanke, nur die alten Klischees der Wertkonservativen. Bis auf einen Punkt, auf den es ihm vermutlich angekommen war: »Das Verhängnis ist kaum noch aufzuhalten, wenn dann auch noch gesellschaftliche und politische Eliten den Extremisten die Hand reichen«. Damit war Magdeburg gemeint, das heißt also die Sozialdemokraten, die nach Ausweis von Kohls Rede im Widerstand kaum eine Rolle gespielt haben, jetzt aber mit der PDS anbändelten. Sein Redenschreiber hat gewaltsam unterdrückt, daß nur die Sozialdemokraten dem Ermächtigungsgesetz nicht zugestimmt haben, wohl aber alle bürgerlichen Parteien, besonders das Zentrum und die damaligen Liberalen. Und die Harzburger Front, die Hitler den Machterwerb möglich gemacht hat, war ja wohl nicht identisch mit der Volksfront, die zu spät versucht hat, ihm Einhalt zu gebieten.

Wer aus seinem Geschichtsstudium so wenig Nutzen gezogen hat, wird sich auch zu der Behauptung versteigen: »Wer heute konsequent unsere freiheitliche Demokratie verteidigt, wird morgen nicht in die Lage kommen, Widerstand leisten zu müssen.« Gerade der, der sie konsequent verteidigt, könnte in diese Lage kommen, wie unter Hitler – wenn nämlich die Mehrheit attentistisch zuschaut, solange es ihr nicht persönlich an den Kragen zu gehen scheint.

Kohls Versuch, den Widerstand zum Geburtshelfer der heutigen Demokratie zu machen, ist grotesk und nichts als Augenwischerei zum Besten der Bundeswehr, die noch nach einem halben Jahrhundert nicht davon absehen mag, ihre Kasernen nach Gegnern des Widerstandes zu benennen. Zwar wollte er den großen Wurf, aber seine elende Sprache hat ihn trotzdem eingeholt. Selbst er hat nicht leugnen können, daß viele Widerstandsoffiziere zunächst begeisterte Anhänger Hitlers waren, aber, sagt er: »Es mindert keineswegs den Rang dieser Beteiligten, daß sie später ihre Irrtümer einsahen, ja Verstrickung in Unrecht und Schuld eingestanden.« Vielleicht hat er sagen wollen, die frühe Verstrickung in Unrecht und Schuld mindere nicht den Rang der späteren Widerständler, die gerade noch rechtzeitig ihre Irrtümer eingesehen hätten. Vielleicht hat er aber auch gemeint, was er gesagt hat.

September 1994

fremde deutsche

Die Deutschen sterben aus

Was ist nur los mit uns, daß wir ständig von einer Katastrophe in die andere stolpern, obgleich wir uns solche Mühe geben, unsere Probleme auf anständige Weise zu lösen. Sind wir nicht sogar mit der leidigen Parteienfinanzierung fertiggeworden, ein bißchen außerhalb der Legalität, versteht sich, aber doch mit dem Ergebnis, daß zwar die Rentner und die Arbeitslosen kein Geld mehr haben, die Parteien aber mehr als je zuvor. Und haben wir nicht gerade ein überzeugendes Beispiel dafür gegeben, daß wir uns auf unsere Minister verlassen, was immer sie tun mögen; wir jedenfalls tun nichts und schicken sie nicht einmal in die Wüste. Wir haben eben einen, der uns wieder einmal herrlichen Zeiten entgegenführt, wir haben die Wende, die etwas ganz anderes ist als der läppische Silberstreif am Horizont aus Weimarer Zeiten.

Es könnte so schön sein. Krisen hin oder her, aber es sieht aus, als ob diesmal weder der beste Wille noch die festeste Entschlossenheit uns retten könnte, denn nun ist nicht länger von Affären oder Korruption die Rede, sondern von einem Schicksal, gegen das wir alle machtlos sind. Es wird nichts werden aus der schönen Zukunft, weil es keine Zukunft geben wird. No future, für alle. Es ist kein Scherz mehr, es ist bitterer Ernst. Wir werden abtreten, es wird uns nicht mehr geben. Vielleich werden später nur noch unsere Autobahnen von uns zeugen, wer weiß. Wir werden es nie erfahren, denn wir sterben aus. Nicht etwa auf die schöne alte Weise, in einem neuen heroischen Weltkrieg, auch nicht auf eine häßliche Weise, durch Dioxin zum Beispiel, und schon gar nicht durch atomare Verseuchung, nein, nichts von alledem, denn damit kann uns niemand ängstigen, das haben wir in der Hand und im Griff. Es wird ganz anders kommen, viel leiser und ruhiger, wenn auch unaufhaltsam. Bald werden wir nur noch 50 Millionen sein, danach 40 Millionen. Weiter mag man gar nicht denken. Verstehen kann das niemand. Es gibt ja keinen Grund dafür, daß die junge Generation sich um das Vergnügen der Fortpflanzung bringt, ohne auch nur einen Gedanken daran zu verschwenden, daß sie sich selbst damit am meisten schadet. Die Alten, die werden gerade noch so über die Runden kommen, aber die Jungen sind angeschmiert, weil keiner mehr da sein wird, der ihnen ihre Renten erarbeitet. Sie werden in den Sielen sterben und die 40-Stunden-Woche für ein verlogenes Märchen halten, für so verlogen wie die Fünf-Tage-Woche, die Frührente, den Müßiggang.

Hoffentlich kommen sie noch wieder zur Vernunft, bevor es zu spät ist. Schließlich, was soll aus Europa, was aus der Welt werden ohne uns? Wer soll die Butterberge aufessen, die wir angehäuft haben, wer die Kohlenhalden verfeuern, wer die Benzinreserven verfahren? Wenn es keine Kinder mehr gibt. Es gibt nur eine Erklärung: die jungen, zeugungsfähigen Leute ahnen nicht, wie gut es ihnen geht, was für paradiesische Zeiten auf sie warteten, wenn sie sich nur zu vielen Kindern entschlössen. Früher, da haben die Menschen hart arbeiten müssen, es ist ihnen schlecht gegangen, sie haben gelitten, aber hat sie das abhalten können vom Kindermachen? Ganz im Gegenteil. Je schlechter es ihnen ging, desto mehr Kinder hatten sie, ohne Rücksicht darauf, daß es den Kindern wieder schlecht gehen würde, daß sie hungern und frieren würden, nichts Rechtes würden lernen können, und so weiter.

Solche Zeiten kommen nicht wieder, es geht uns gold. Und? Was ist die Folge? Der »Verfall der biologischen Leistungsgemeinschaft«, sagt Strauß. Die Planung muß her. Wo kämen wir hin, wenn jeder täte, was er für richtig und bequem hält! »Mein Bauch gehört mir« klingt ja sehr tapfer, aber wären wir nicht besser daran, wenn die Bäuche wie alles andere dem Staate gehörten? Da wir selbst nicht imstande sind, für uns zu sorgen, ist es gut, daß wir diesen famosen

»Es ist uns bestimmt, daß Deutschland wieder den gleichberechtigten Sitz unter den großen Völkern einnehmen wird, gleichberechtigt in allen Bezirken des politischen und wirtschaftlichen Handels und Wandels, völlig gleichberechtigt aber auch in dem elementaren Bedürfnis eines Volkes, für seine Sicherheit, Verteidigung und Ehre mit den Mitteln zu sorgen, die jedem Volke als natürliches Lebensrecht zustehen.«
Generaloberst von Blomberg, 1935

Staat haben, der für uns denkt und für uns plant. Mögen wir uns auch mit unserem Ende abfinden, der Staat tut das nicht. Er nimmt uns zwar einen schönen Teil unseres Einkommens zwangsweise für unsere Altersversorgung ab, aber nun stellt sich heraus, daß er mit unserem Gelde gar nicht unser Alter absichert, sondern daß er es längst ausgegeben hat für andere, mit deren Geld er das vermutlich ebenso getan hat. Da kommt er in Schwierigkeiten, des Pillenknicks wegen und wegen der Liberalisierung des § 218.

Der einzelne ist immer egoistisch, er will Kinder oder er will keine, er will eins oder zwei, aber beileibe nicht mehr. Das kommt davon, daß der keine Vorstellung von der »biologischen Leistungsfähigkeit« hat. Denke doch keiner, nur im realen Sozialismus gehe es um die Erfüllung von Solls, es geht auch in der demokratischen Ehe darum. Leistungsmuffel wollen wir nicht, weil wir nicht wollen können, daß wir als Volk aussterben. Offenbar werden wir gebraucht, als Deutsche.

Also: wie erhalten wir uns als Deutsche? Auf keinen Fall können wir unser Geburtendefizit ausgleichen lassen von unseren Gastarbeitern, schon gar nicht von den Türken, die keine Voraussetzungen dafür haben, je zu rechten Deutschen werden zu können. Die Religion, das möchte noch angehen, aber die Namen! Die werden für alle Zeit fremd bleiben unter den Müllers und Meiers und den Polacks und Nowotnys und den Itzenplitz und Zitzewitz. Es müssen wirklich deutsche Kinder her, wenn wir als Deutsche überleben wollen.

Vor zwei Menschenaltern waren wir unserer Sache noch sicherer, denn damals starben nicht wir aus, sondern unsere dekadenten gallischen Nachbarn, die sich dann zum Glück besonnen haben und wieder fruchtbar geworden sind und sich gemehrt haben, durch Kinderbeihilfen. Das war leicht, als es noch Bedürfnisse gab, und wir alle kennen die Szene von den Französinnen, die sich auf ihre runden Bäuche klopfen und sagen: »Das ist mein Kühlschrank«, »Das ist mein Fernseher«, »Das ist meine Waschmaschine«! Haben wir alles. Mehr wollen wir offenbar nicht. Schwanger werden für einen Heimcomputer? Kaum.

Außerdem haben wir gar kein Geld für Kinderbeihilfen. Wir müßten uns schon etwas anderes einfallen lassen, was billiger wäre. Eingeplante Störungen beim Fernsehen etwa, oder automatischen Stromausfall, oder rigide Wärmedrosselung im Winter. Das könnte etwas bringen, wenn das Abtreiben nicht so leicht wäre. Wenn es stimmte, daß jedes Jahr zwischen einer halben und einer ganzen Million Kinder abgetrieben werden, wären alle unsere Probleme gelöst, falls man das Abtreiben unterbinden könnte. Sofort wären wir wieder ein volkreiches Volk und brauchten weder Türkenkinder noch irgend etwas dergleichen. Allenfalls müßten wir wieder unterscheiden lernen zwischen der kinderreichen Familie und der asozialen Großfamilie – eine reine Definitionsfrage, wie gehabt. Und billig wäre es auch. Keine Arztkosten für die Krankenkassen, keine Solidargemeinschaft mehr unter Abtreibenden und Nichtabtreibenden. Wenn die jungen Leute nur mitspielen wollten. Man wird sie ja nicht mit Mutterkreuzen ködern können. Womit dann? Sie hören einfach nicht auf die Alten und scheinen ein ganzes Jugendleben lang nicht begriffen zu haben, wie schön es für Eltern ist, Kinder zu haben.

Hätten wir wenigstens ein Propagandaministerium und einen beredten Propagandaminister, dem Worte und Bilder zur Verfügung stünden, den ganzen Jammer auszumalen, der das Aussterben der Deutschen wäre, und den Segen, der darin liegt, daß wir keine Zu-

kunft hätten ohne Kinder, daß die Kinder in der Tat unsere einzige
Zukunft sind. Man muß es sagen, wir sind da oft geleimt worden
und haben üble Erfahrungen machen müssen, gerade was unsere Zukunft anging. Einmal, das ist schon etwas länger her, lag sie auf dem
Wasser, in das sie dann auch prompt gefallen ist. Es ist nichts daraus
geworden, weil das Wasser schon anderen gehörte. Alles, was wir erreicht haben, war Ärger mit England, dessen Zukunft sich auch irgendwo im Nebel verloren hat. Auch das Wasser ist nicht mehr, was
es einmal war, denn vermutlich hat es selbst keine Zukunft, außer
der des »Verklappens«. Das Wasser müßten wir uns endgültig aus
dem Kopfe schlagen, wenn wir's nicht schon getan hätten. Da ist
nichts mehr zu holen.

Dann gab es eine Zeit, in der unsere Zukunft im Osten lag, in den
Kornkammern der polnischen und russischen Ebenen, bis hin zur
fernen Ukraine. Auch das hat sich als Reinfall erwiesen, denn die
Polen und Russen wollten ihre Kornkammern lieber für sich selbst
haben und herunterwirtschaften; sie haben uns wieder herauskom-
plimentiert und werden uns kaum noch einmal hineinlassen. Denen
langt's.

Diesmal, und auch das ist nicht ganz neu, ist es weder der Osten
noch das Wasser, sondern es sind die Kinder, die unsere Zukunft sein
sollen, weniger damit sie selbst eine hätten, als damit wir eine haben.
Nur, die Zukunft, die wir haben werden, haben wir uns selbst bereitet; wir sollten nicht noch andere hineinziehen. Sie ist nämlich nicht

verlockend; sie ist es so wenig, daß selbst unsere Familienplaner sollten begreifen können, daß außer ihnen kaum jemand Lust darauf hat, woraus folgt, daß es nur eine einzige Möglichkeit gäbe, den Betroffenen Lust auf Kinder zu machen: eine Zukunft, vor der niemand panische Angst zu haben brauchte. Die zerstörte Umwelt und das Spielen mit Atomschlägen, das ist etwas zuviel für einen neuen Baby-Boom. Es ist keine Zukunft, weder für uns noch für irgendwelche Kinder, und solange das unsere Zukunft ist, ist es mehr als gleichgültig, ob das deutsche Volk ausstirbt oder nicht, und zwar ausstirbt durch den Verfall der ›biologischen Leistungsgemeinschaft‹.

April 1984

Asyl! Asyl!

Erst haben sie uns erzählt, wir seien ein Volk ohne Raum, und entschlossen haben wir uns aufgemacht, die Grenzen des Reiches 500 Kilometer nach Osten zu verschieben. Kleindeutschland war uns nicht groß genug, Großdeutschland war uns nicht groß genug, aber es ging aus wie die Geschichte vom Fischer und seiner Frau, und am Ende waren wir ziemlich klein und überdies »gespalten«.

Dann taten wir so, als seien wir ein Raum ohne Volk. Kaum hatten wir die Sudetenösterreicher, die Rumäniendeutschen, die Ungarndeutschen, die Polendeutschen untergebracht und noch ein paar Millionen Deutsche aus der DDR willkommen geheißen, spielten wir Anreißer vom Rummelplatz mit unserem lockenden »Hereinspaziert, immer hereinspaziert!« und holten noch ein paar Millionen zu uns – diesmal »Gastarbeiter«, weil es halt bequemer war, Arbeiter zu importieren als Arbeit zu exportieren, bequemer und einträglicher.

Hat jemand gemerkt, daß es voller bei uns geworden ist? Ist es uns lästig gewesen? Sind wir erstickt? Waren wir zu viele geworden? Offenbar nichts von alledem, denn die einzige panische Angst, die Besitz von uns oder den uns Regierenden ergriff, war die Angst vor den Folgen des Pillenknicks, die Angst, daß wir aussterben könnten, wieder weniger werden könnten. Weniger wurden wir auch, weil mehr starben als geboren wurden, weil wir unser Bestes taten, ein paar Gäste loszuwerden, als die Arbeit nicht mehr für alle langte, wie man so schön sagt. Und weil das so war, besannen wir uns auf unsere alten Tugenden, beschmierten die Mauern mit der Parole »Ausländer raus!«, bekamen entsetzliches Mitleid mit uns und eine neu-alte Angst, die Angst vor Überfremdung. Zwölf Jahre lang hatten wir alles getan, um die schon einmal verlorene Reinheit des deutschen

»Man schließt mir die Asyle, niemand mag zu meinen Gunsten
wenig Schritte wagen.«
GOETHE, 1808

Volkes zurückzugewinnen, waren richtige Herrenmenschen geworden, Bilderbucharier, offenbar alle blond, blauäugig, groß und
schlank, hatten unsere Kelten eingenordet, unsere Slawen eingenordet, aus einem herrlichen Völkermischmasch wieder eine reine Rasse
gemacht oder wenigstens an all das geglaubt, und plötzlich sollte es
alles für die Katz gewesen sein und die deutschen Frauen ein Opfer
von Italienern, Jugoslawen oder gar Türken.

Vielleicht wären wir auch damit noch zurechtgekommen, dank
unserer Integrationskraft und unserem Germanisierungswillen, wenn
nicht der dumme Artikel 16 des Grundgesetzes uns einen Strich durch
die Rechnung gemacht hätte. Der ist klipp und klar und besteht aus
kümmerlichen vier Wörtern. Das heißt, sein zweiter Abschnitt besteht
aus ihnen: »Politisch Verfolgte genießen Asylrecht.« Es steht wirklich
da »genießen«, und als das geschrieben wurde, war es nicht höhnisch
gemeint, sondern ziemlich aufrichtig.

Wohl möglich, daß der Parlamentarische Rat keine rechte Vorstellung von den Folgen dieses Artikels hatte und nicht ahnte, wie die
Welt dreißig oder vierzig Jahre später aussehen würde. Aber es gab
in ihm ein paar Leute, die selbst einmal Asyl gesucht hatten und sich
noch erinnern konnten, wie das ist, wenn man politisch verfolgt wird.
Ein paar hunderttausend Deutschen ist es damals gelungen, sich ihren
Mördern zu entziehen. Sie haben sich über die ganze Welt verstreut,
bis nach China, Australien, Neuseeland, überall hin, wo sie einen
Platz fanden und ein Land, das bereit war, sie aufzunehmen, oft unter
entwürdigenden Bedingungen, ohne Geld, ohne Arbeitsmöglichkeit,
dem Elend preisgegeben. Viele von den Aufnahmeländern waren un-
endlich viel ärmer als das Deutsche Reich, die Staaten Lateinamerikas

zum Beispiel, oder die kemalistische Türkei. Sie taten, was sie konnten, und manchmal mehr.

Gedankt haben wir ihnen das nicht, dafür aber nicht mit Vorwürfen gespart, weil die Schweiz ihre Grenzen ziemlich dicht machte, die Vereinigten Staaten sich sperrten, und am schlimmsten waren natürlich die Engländer, die die von uns vertriebenen Juden nicht nach Palästina einreisen lassen wollten. Das ließ uns unsere eigenen Untaten vergessen. Nur ein paar Mitglieder des Parlamentarischen Rates hatten sie nicht vergessen und setzten den Artikel 16 durch. Heute wird gern behauptet, dieser Artikel habe nichts mit Schuldgefühlen zu tun, keineswegs sei er eine Art Versuch, nachträglich Unrecht gutzumachen, aber die Protokolle sprechen dagegen. Der Kommunist Renner und der Sozialdemokrat Wagner, beide vor Hitler geflohen, haben gegen den späteren Außenminister Brentano darauf bestanden, daß kein Unterschied gemacht werde zwischen vermeintlich guten und schlechten Asylsuchenden. Sie wollten ein uneingeschränktes, von der eigenen Sympathie oder Antipathie unabhängiges Asylrecht und haben eine Mehrheit dafür bekommen. Renner ist noch einen Schritt weitergegangen und hat für die Asylsuchenden das Recht auf Arbeit eingeklagt.

Was wir aus diesem großmütigen Artikel gemacht haben, ist bekannt. Vom Recht auf Arbeit ist wenig übriggeblieben und vom Verzicht auf Sympathie oder Antipathie kaum etwas zu merken. Großmütig sind wir allenfalls den Feinden unserer Feinde gegenüber, nicht aber den Feinden unserer falschen Freunde. Zwar haben wir widerspruchslos die Tschechen aufgenommen, die nach dem Prager Frühling zu uns kamen, aber die Chilenen, die vor Pinochet flohen, aufzunehmen, haben wir uns standhaft geweigert. Wir haben es geschafft, aus dem Wort »Asylant« ein verächtliches Wort zu machen, und finden nichts dabei, die Asylsuchenden in Lager zu sperren, für Jahre, als wollten wir eine unselige Tradition fortführen. Die Grenzschützer, die Polizei, die Verwaltungen haben mehr Macht über sie als das

»Daß man aber im 20. Jahrhundert als politisch reifer Mensch und Demokrat überhaupt den Gedanken aussprechen kann, es sei notwendig, das Asylrecht einzuengen, das geht weit über mein Begriffsvermögen hinaus.«
Heinz Renner, 1948

Grundgesetz. Und als wäre das alles noch nicht genug, werden Ängste geschürt, wird mit falschen Zahlen operiert, wird die Änderung des Asyl-Artikels erwogen.

Die Bayern, in der Praxis ohnehin am rigorosesten, sind am kühnsten. München ist wieder einmal die Hauptstadt einer Bewegung, einer schändlichen Bewegung. Es ist wohl kein Zufall, daß ausgerechnet der Abgeordnete Fellner dafür kämpft, den Artikel 16 in seiner bestehenden Form abzuschaffen. Fellner ist der Mann, von dem der Satz stammt, daß die Juden immer zur Stelle seien, wenn Geld in deutschen Kassen klingele. Das scheint ihn weder die Achtung seiner Partei noch die Achtung der Nation gekostet zu haben. Er ist ungeächtet nach wie vor Bundestagsabgeordneter und sorgt dafür, daß den Konservativen die Stimmen der Unbelehrbaren zufließen. Verständnis für Menschen, die – aus welchen Gründen immer – ihr Land, ihre Familien, ihren Besitz verlassen, kann man von ihm so wenig wie von seinem Parteivorsitzenden verlangen. Wer nie verfolgt worden ist, wer nie zu einer Minderheit gehört hat, sondern sich immer mit der Macht arrangiert hat, bis er selbst an der Macht war, für den sind die Gesetze der Humanität ein Fetzen Papier, mag seine Partei sich noch so lange christlich nennen.

Er wird an die niederen Instinkte appellieren, verächtlich von »Wirtschaftsasylanten« sprechen und verkünden, das Boot sei voll. Er wird verschweigen, daß die Bundesrepublik nicht an der Spitze der Aufnahmeländer steht, sondern so ziemlich am Ende, daß viel ärmere Länder, sei es in Asien, sei es in Afrika, unverhältnismäßig mehr Flüchtlinge aufgenommen haben, und vor allem wird er verschweigen, daß das Flüchtlingselend in der Dritten Welt viel zu tun hat mit dem Reichtum der Industrienationen. Für ihn genügt der Behauptungssatz, die Bundesrepublik sei kein Einwanderungsland, ohne auch nur einen Gedanken daran zu verschwenden, ob sie sich das überhaupt noch aussuchen kann. Er will zur Gnade verkommen lassen, was ein Recht war.

Wo steht geschrieben, daß ein Land nie Einwanderungsland, aber immer Auswanderungsland sein darf? Wo steht geschrieben, daß immer die anderen die Deutschen aufnehmen müssen, die Deutschen aber ihr selbstverfaßtes Recht brechen dürfen, um keinen aufnehmen zu müssen? Europa ist im vorigen Jahrhundert voll gewesen von deutschen politischen Flüchtlingen, die Schweiz war voll von ihnen, Frankreich war voll von ihnen, Belgien war voll von ihnen, England war voll von ihnen. Und die anderen deutschen Auswanderer, jahrzehntelang im Jahresdurchschnitt 50.000 bis 100.000, die den Staub des deutschen Bodens von ihren Füßen schüttelten? Waren sie alle politisch Verfolgte? Oder wieviele von ihnen waren Wirtschaftsasylanten? So viele Millionen wie uns verlassen haben, wollen gar nicht zu uns, und von denen, die zu uns kommen, wollen keineswegs alle bleiben. Viele ziehen weiter, manche bringen sich um.

Man rechnet damit, daß rund 15 Millionen Flüchtlinge durch die Welt irren, von denen wir keine drei Prozent aufgenommen haben. Für uns ist das eine Katastrophe, an der wir uns unschuldig fühlen. Aber was ist die verglichen mit der Katastrophe, an der wir schuld waren? Allein in dem kleinen Europa sind nach dem Zweiten Weltkrieg beinahe 25 Millionen Menschen vertrieben und umgesiedelt worden. Haben wir uns Gedanken darüber gemacht? Denken wir heute noch daran? Nein, wir denken an unseren Wohlstand und daran, daß es uns an nichts fehlen darf. Wir sind reich, um reich zu sein, aber gewiß nicht, um Gutes mit unserem Reichtum zu tun. Eher geben wir Milliarden aus, um die ganze Bundesrepublik in eine

Festung zu verwandeln, eher rüsten wir uns zu Tode, als daß wir uns menschlich verhielten.

Wir, die wir Hunderttausende und Millionen gefoltert haben, leisten uns noch heute einen Verwaltungsgerichtshof und ein Bundesverwaltungsgericht, von denen der eine befindet, die Folter sei in der Türkei ein allgemeines Phänomen und also kein Asylgrund, und das andere verkündet, sie begründe das Recht auf Asyl nur insoweit, als sie über das hinausgeht, was die Bürger dort allgemein hinzunehmen haben. Wüßten die Flüchtlinge, wie wir sind, vielleicht kämen sie dann lieber nicht.

Oktober 1986

Heim ins Reich

Woher nehmen und nicht stehlen? Der Rechtsnachfolger des
III. Reiches braucht Bevölkerung, und das heißt: Aussiedler rein!

Je besser es den Leuten geht, so heißt es wenigstens, desto weniger
Lust haben sie, sich fortzupflanzen. Nicht daß sie auf die Lust ver-
zichteten – das ganz und gar nicht –, sie verzichten lediglich auf die
Kinder, die sie am ungetrübten Genuß des Lebens hindern könnten,
ohne Rücksicht darauf, ob nach ihnen die Sintflut oder die rentenlose,
die schreckliche Zeit kommen könnte. So sind die Leute nun einmal,
gedankenlos und egoistisch, und es wäre schlimm um sie bestellt,
wenn nicht andere für sie dächten und für sie rechneten, die Politiker
zum Beispiel und in ihrem Auftrage die statistischen Ämter.
    Deren opfervolle Arbeit hat uns zu der Erkenntnis verholfen, daß
wir ein sterbendes Volk sind und bald ein Volk von Rentnern sein
werden, dessen Renten von einer Minderheit erwirtschaftet werden
müßten – ein Problem, das auf dem Papier leichter zu lösen ist als in
der harten Wirklichkeit. Natürlich, wenn ein Volk beschließt, auszu-
sterben, dann sollte es das auch tun dürfen, da ja angeblich alle Gewalt
von ihm ausgeht, von ihm und nicht von den statistischen Ämtern.
Leider sind die Beschlüsse des Volkes nicht viel wert, wenn sie die
Politiker überflüssig machen würden. Die können sich schließlich
kein anderes Volk suchen, weswegen sie in der Regel auf dem bestehen, das sie haben, wenn auch nicht so, wie sie es haben.
    Sie neigen dazu, es nach ihrem Bilde zu formen, damit es möglichst
groß und stark werde, fruchtbar sei und sich mehre, denn je größer
und stärker es ist, desto größer und stärker können sich auch seine

Politiker fühlen. Auf ihren Lustgewinn scheint es mehr anzukommen als auf den Verzicht auf die Folgen der Lust des Volkes. Was ist also zu tun, wenn die Bevölkerung abnimmt und sich durch keine Kinderbeihilfen und keine Verschärfung des § 218 dazu bewegen läßt, die Kinderwiegen zu füllen? Wenn die Mitte Europas menschenleer zu werden droht? Wenn die Deutschen sich nicht mehr vermehren? Dann muß man eben die Deutschen auf andere Weise vermehren, ohne Zeugung. Das sei leichter gesagt als getan? Weit gefehlt. Mindestens zwei Wege bieten sich an. Der erste wäre die Eindeutschung von Nichtdeutschen, das also, was man früher schnöde Germanisierung nannte, in Zeiten, in denen die Deutschen sich allem äußeren Anschein zum Trotz als Nachfahren der Germanen, wenn nicht als Germanen selbst fühlten.

Selbst wenn wir keine Spanier, Portugiesen, Italiener und Jugoslawen im Lande hätten, hätten wir immer noch zwei Millionen Türken, mit denen wir es versuchen könnten. Dummerweise sind das Moslems, die wohl auch Moslems bleiben wollen, und beides gleichzeitig, Deutscher und Moslem, das geht halt nicht, wie jedermann einsehen wird. Es kommt hinzu, daß die Türken lieber Türken bleiben wollen und wir sie weder mit sanfter noch mit brutaler Gewalt zwingen dürfen. Und weiter kommt hinzu, daß wir sie lieber wieder los wären, eben weil wir sie für unfähig halten, gute Deutsche wie du und ich zu werden. Schließlich haben wir oft und deutlich genug erklärt, daß die Bundesrepublik kein Einwanderungsland ist – und daher auch kein Schmelztiegel, in dem sich alle und jede, seien sie auch Koreaner oder Vietnamesen, auf chemischem Wege in Deutsche verwandelten.

Zwar weiß niemand so genau, was das sein soll: Deutscher sein, aber etwas sehr Hehres ist es allemal, und da es das ist, kann es nicht allen zustehen. Weder allen noch zu vielen, denn zu unseren Urängsten gehört auch die vor Überfremdung, als wären wir tatsächlich alle die reinen Kinder Wotans und Friggas. Wir sind ja schon einmal in großer Gefahr gewesen, durch die »hosenverkaufenden Jünglinge«

aus Galizien, und hätte nicht der Führer mit tatkräftiger Unterstützung durch Himmler und Eichmann – sie haben das offenbar zu dritt geschafft – uns aus dieser Gefahr errettet, dann sähe es sowieso schlecht um unser Deutschtum aus.

Dieser Hitler aber hat uns auch sonst den rechten Weg gewiesen. Zwar hat er uns in Mißkredit gebracht durch seinen Irrglauben, wir besäßen nicht genug Raum und müßten durch Eroberungen im Osten ein Großreich schaffen, aber wenigstens hat er entdeckt, daß die halbe Welt voller Deutscher saß, die man am besten ins Reich heimführe. Noch im Kriege hat er den Anfang damit gemacht und den Krieg so konsequent geführt, daß die Siegermächte nur dort weiterzumachen brauchten, wo er den Löffel aus der Hand gelegt hatte. Daß sie von ihm gelernt haben, nehmen wir ihnen noch heute übel, die Vertriebenensprecher und Berufsflüchtlinge an erster Stelle.

Anders sieht die Sache natürlich aus, wenn wir selbst von ihm lernen. Wir haben lange Jahre gebraucht, bis wir eingesehen haben, daß die Geschichte mit dem Volk ohne Raum ein aufgelegter Schwindel war, und sind längst zu dem Glauben übergegangen, daß viel schlimmer als ein Volk ohne Raum ein Raum ohne Volk sei, vor allem, wenn es sich bei diesem Volke um das deutsche handelt. Das Unglück, daß wir eines schlechten Tages hinter die Franzosen oder gar die Italiener und Spanier zurückfallen könnten, nachdem wir schon hinter die Japaner zurückgefallen sind, wäre gar nicht abzusehen. Kurz und gut, es müssen mehr Deutsche her, und das läßt sich ja auch machen, nach alten Mustern.

Wir haben bis jetzt rund 8 Millionen Heimatvertriebene, eineinhalb Millionen »Aussiedler« und dreieinhalb Millionen Bürger der DDR bei uns unter- und es auf diese Weise fast zu einer Bevölkerung von 60 Millionen gebracht. Weniger dürfen es nicht mehr werden, nichts ist so wichtig wie Vorsorge. Zum Glück ist unser Reservoir fast unerschöpflich.

Wir kennen es beinahe auf Mann und Frau, jedenfalls, was die

»… wer … oder … oder … oder Abkömmling in dem Gebiete des
Deutschen Reiches nach dem Stande vom 31. Dezember 1937
Aufnahme gefunden hat.«
ᴀrtikel 116 des ɢrundgesetzes

Deutschen in Ost- und Südosteuropa angeht. Das verdanken wir den
»Heimatortkarteien«, in denen die deutsche Bevölkerung aus rund
30 000 östlichen Gemeinden nach dem Stande von 1939 verzettelt
ist. Aus ehemals deutschen Gebieten wie Schlesien oder Ostpreußen
genauso wie aus Litauen, Lettland und Estland, aus Ungarn, Jugoslawien und Rumänien, und immer so weiter, mehr als 19 Millionen
Namen.

Dieser fanatische Sammelfleiß kommt uns heute zugute, denn auf-
grund dieser Listen können wir bestimmen, wer von denen, die dort-
her kommen oder kommen könnten, Deutscher im Sinne des Grundgesetzes ist, und nicht bloß einmal, wie der famose Herr Lummer
sagt, einen deutschen Schäferhund besessen hat – wie der Führer aus
dem Österreichischen Braunau. So trefflich diese Karteien auch sein
mögen, es läßt sich nicht immer bis auf die Stelle hinter dem Komma
oder, wie früher, nach Vierteln oder Achteln bestimmen, wie deutsch
diese Deutschen nun sind. Manche nennen sie deswegen lieber
»Deutschstämmige«, was diese und jene verdrießt, da sie finden, sie
seien nun einmal Deutsche wie die hier Ansässigen, und nichts sonst.

Was sie außer ihrer schwer definierbaren Stämmigkeit zu solchen
Deutschen macht, ist nicht leicht zu sagen. Die Staatsangehörigkeit
kann es ja nicht sein. Ist es dann die Sprache? Das behaupten die meisten. Und wenn es nicht die eigene Sprache, sondern die der Vorfahren
ist, weil die eigene eine »fremde«, vielleicht aufgezwungene ist, wird
alles noch viel heikler, denn das hieße ja, daß die Deutschen ein ganz
besonderes Blut als Saft hätten. Ein Rußlanddeutscher etwa, der
Kindeskind deutscher Einwanderer wäre, aber Russisch spräche,

bliebe auf Grund eines unveräußerlichen deutschen Charakters auch für diejenigen Deutscher, für die die Kindeskinder ehemaliger Polen oder Tschechen, die unter uns lebend Deutsch sprechen, gleichfalls Deutsche sind, und sonst nichts. Können, fragt man sich, nur die anderen Deutsche werden, während Deutsche durch alle Generationen Deutsche bleiben müssen? Logisch ist das alles nicht, aber es kommt auch auf die Logik nicht an, sondern auf den Nutzen. Und da zeigt sich, daß die Aussiedler aus Polen oder Rumänien oder Rußland durch niemanden sonst ersetzt werden könnten, weil sie mit den Worten der FAZ »fleißig, zuverlässig und nicht so auf Bequemlichkeit und Freizeit versessen sind wie ein wachsender Teil der Westdeutschen« – mit anderen Worten, sie verfügen über die alten deutschen Tugenden und sind demnach deutscher als »ein wachsender Teil« von uns. Sieht man die Dinge so, kann man verstehen, daß der Kanzler in der Eingliederung der Ausgesiedelten eine »nationale Aufgabe« sieht.

Wir können die Frage nach dem »angestammten« Deutschtum, die wir ohnehin nicht beantworten können, getrost beiseite lassen, weil die Aussiedler, selbst wenn sie bis jetzt keine Deutschen im Sinne des Grundgesetzes gewesen wären, entschlossen scheinen, Deutsche zu werden, auch wenn nicht die Liebe zu ihrem angestammten Deutschtum sie veranlaßt haben sollte, den Weg zu uns zu suchen. Man sollte die nicht scheel ansehen, die wie der Schweißer Josef Szmuda aus Kupp schlicht erklären: »Wenn der Mensch sich verbessern kann, dann geht er doch dorthin.« Solche Menschen werden uns vor dem Aussterben bewahren und denen die Renten sichern, die sonst vermutlich bis in ihr siebzigstes Jahr arbeiten müßten. Wir brauchen sie, es geht nicht ohne sie, und die 200 000, die dieses Jahr kommen werden, werden nichts als ein Anfang sein. Weitere 4 Millionen aus den Ostblockländern bilden die erwünschte Reserve.

Sind die einmal alle hier, bleiben uns immer noch die Deutschen aus Deutsch-Südwest, und wenn auch das nicht langt und niemand mehr aus der DDR kommen mag, könnten wir endlich die Frage der deutschen Elsässer durch Umsiedlung lösen. Auch sie werden ja ihrer angestammten Sprache beraubt und systematisch gallisiert. Das sollten wir nicht dulden, bloß weil wir mit den Franzosen alliiert sind. Es muß reiner Tisch gemacht werden, ein für allemal, wir müssen bleiben und nicht nur durch Leistung, sondern auch durch Masse wieder wer sein.

September 1988

Destruktiver Nationalismus

Eine der schlimmsten Seuchen ist der Nationalismus. Taub-
und Blindheit gehören zu seinen ersten Symptomen.
Begeistert feiern die Deutschen ihre neuerliche Infektion.

Das Nationalgefühl, das wieder einmal die Gedankenlosen eint, gehört so wenig zur Natur des Menschen wie die Staaten, in denen er
sich organisiert oder zwangsweise organisiert wird. Das eine ist aner-
zogen und eine relativ junge Erfindung, die wenig Nutzen und viel
Schaden gebracht hat, die anderen sind willkürliche Kunstgebilde
und haben auch in ihrer vermeintlichen Blütezeit öfter zur Macht-
entfaltung auf Kosten Dritter als zum Schutze ihrer Subjekte gedient.

Bei Nietzsche hört sich das, auf die Deutschen bezogen, folgen-
dermaßen an: »Die Deutschen haben mit ihren ›Freiheits-Kriegen‹
Europa um den Sinn, um das Wunder von Sinn in der Existenz Na-
poleons gebracht – sie haben damit alles, was kam, was heute da ist,
auf dem Gewissen, diese *kulturwidrigste* Krankheit und Unvernunft,
die es gibt, den Nationalismus, diese névrose nationale, an der Europa
krank ist.«

Das war vor mehr als hundert Jahren, und es ist seitdem nicht besser geworden, im Gegenteil, wir haben noch Schlimmeres auf dem
Gewissen, die Zerstörung des alten Europa durch den Ersten Weltkrieg und die Deformation Halb-Europas durch den Zweiten Weltkrieg. Nichts ist mehr, wie es einmal gewesen war, und das ist nicht
unser Verdienst, sondern unsere Schuld. Weil wir in unserem rausch-
haften Nationalgefühl ein alptraumhaftes, uns unterworfenes Europa
erzwingen wollten, ist das ganze Südosteuropa gegen seinen Willen

»Die Wendung zum Undeutschen ist deshalb immer das Kennzeichen
der Tüchtigen unseres Volkes gewesen.«
Friedrich Nietzsche, 1886

und ohne eigene Schuld ein halbes Jahrhundert in Unfreiheit gehalten
worden, einer Unfreiheit, die sich allerdings mit der, die uns vor-
schwebte, kaum vergleichen läßt und die am allerwenigsten uns selbst
getroffen hat. Nicht uns, sondern die, die wir seitdem unsere Brüder
und Schwestern zu nennen gehalten sind.

Nun soll man gerecht sein und zugeben, daß wir die Sache nicht
erfunden haben und nicht allein unter ihr gelitten und leiden gemacht
haben. Sie hat sich ausgebreitet, kaum daß die Aufklärer ihr ein Ende
hatten bereiten wollen, um der Toleranz willen, der es nicht länger
auf den eigenen Über-Wert, sondern auf den Wert auch aller anderen
ankam. Nicht die bloße, durch nichts gerechtfertigte Behauptung
eigener Größe, eigenen Ruhms und eigener Einzigartigkeit wurde da
ins Spiel gebracht, sondern das Neue war das Verlangen nach dem
besten Staate, der nicht durch kriegerische Machtausübung, sondern
durch die Beförderung des Glückes der größten Zahl glänzen sollte.

Der Versuch, in den Wirren der Revolution einen solchen Staat
zu schaffen, war es, der so viele zu Freunden, Bewunderern und An-
hängern erst der Franzosen, dann der Nordamerikaner und schließlich
auch der Russen gemacht hat – und andere dann wieder zu ihren
Gegnern und Feinden, als die Hoffnungen der ersten Stunden ent-
täuscht wurden. Es haben sich damals auch Deutsche als Franzosen,
Amerikaner oder Russen gefühlt und ihr wahres Vaterland dort wenn
nicht gefunden, so doch gesucht. Ihr Vaterland war dort, wo es besser
war als zu Hause, und es hat eines langen Prozesses nationalistischer
Erziehung bedurft, um den Schwärmern und Nichtschwärmern ein-
zubläuen, daß es ehrlos und würdelos sei, das angestammte, unter-
drückende ›Vaterland‹ geringer zu schätzen als die Länder, in denen

es besser war oder besser schien. Mit starker Hilfe deutscher Ideologen sind so zu Beginn des vorigen Jahrhunderts viele Völker zu sich selbst erwacht, mit meistens widerwärtigen Folgen.

Vergessen waren die alten Zeiten, in denen die Völker oder Volksteile bald unter dieser, bald unter jener Herrschaft lebten, da es Herrschaft nun einmal gab. Die Freieren dienten, wo sie dienen wollten und sprachen die Sprache derer, unter denen sie lebten, aber die Unfreieren hatten das schlechtere Teil. Sie haben sich nicht nur aus Übermut darauf besonnen, daß sie Polen oder Tschechen oder eben auch Serben waren, sondern sie haben sich darauf besonnen, weil sie als Polen oder Tschechen oder Serben unterdrückt wurden von Nationalisten, die mächtiger waren als sie.

Die Nationalstaaten sind eine Pest gewesen, die zerstört haben, was sich irgend zerstören ließ. Mit missionarischem Eifer haben sie sich ihrer Opfer angenommen und versucht, ihresgleichen aus ihnen zu machen. Die Deutschen haben die Polen germanisiert auf Teufelkomm-heraus, die Russen haben russifiziert, die Franzosen haben gallisiert, immer im Namen der höheren Kultur, die nichts achtete als sich selbst und vom Recht der Minderheiten auf eigene Kultur nichts, absolut nichts hielt. Was sich da abspielte, waren Vernichtungskriege an den Rändern, denen Zerstörungsfeldzüge im Inneren entsprachen. Auch die wurden im Namen der Einheit der Nation geführt oder im Namen der Hochsprache, was aufs selbe hinauskommt.

Die Provence ist einmal eine Kulturlandschaft gewesen, die sich nicht hinter der Ile de France zu verstecken brauchte – und was hat das zentralistische Frankreich aus ihr gemacht? Einen lebendigen Leichnam, der künstlich wiederbelebt werden soll. Nicht anders haben die zentralistischen Spanier unter Franco in Katalonien gewütet, bis hin zum Verbot, katalanische Literatur überhaupt zu verbreiten. Und wir? Wir haben zwar die Dialekte nicht abschaffen können, denn die Sachsen sprechen noch immer sächsisch, die Rheinländer rheinisch, die Schwaben schwäbisch, aber vom Niederdeutschen ist kaum eine Spur geblieben. Im Hamburger Senat wird so wenig Platt gesprochen wie in holsteinischen Kirchen Platt gepredigt. Einer ganzen Region von Friesland bis Pommern haben Staat und Kirche gemeinsam ihre Sprache genommen, um Einheitsdeutsche aus ihren Bewohnern zu machen.

Die Folgen solcher Zerstörungswut sind überall Haß und Terror. Glücklich hat der Nationalismus niemanden gemacht, schon gar nicht die größte Zahl. Während die einen am Europa der Nationen zimmern, einem Europa, das sich allein durch Macht und Wirtschaft und Verwaltung definiert, aber nicht durch Kultur, sind die anderen damit beschäftigt, sich in die Erinnerung zu bomben: die Basken, die Iren, aber wenigstens die Tiroler nicht mehr. Die Feindbilder erweisen sich als mächtiger als die Freundesbilder. In der Europäischen Gemeinschaft spielt Belgien keine unangenehme Rolle, aber Europa ist das eine, die überflüssigen Streitigkeiten zwischen Flamen und Wallonen das andere.

Etwas weiter weg, auch noch in Europa, ist alles noch viel heilloser. Die Bulgaren haben versucht, ihre Türken zu bulgarisieren, und weil die Türken bleiben wollen, mögen sie sie nicht mehr leiden. In Jugoslawien proben die Albaner den Aufstand, weil sie es unter den Serben nicht mehr aushalten können, und die deutschen Siedler von anno toback in Rumänien oder Rußland packen ihre Siebensachen, weil sie die längste Zeit mißhandelt worden sind. Es wird nichts Gutes aus diesem von uns ruinierten Europa werden, wenn es ein Europa nur der Mehrheiten und nicht auch der Minderheiten wird, ein Europa, in dem endlich auch Juden und Zigeuner leben könnten, wie sie leben möchten, anders als die anderen eben.

Die Europäer werden zweierlei tun müssen: sich von ihrem Nationalismus lossagen, nicht nur in Worten, sondern auch in Taten, und den Hobel wegschmeißen, der die Späne fallen läßt. Wenn sie die unterschiedslose Einheit für Menschen wie für Traktorensitze wollen, können sie ihren Laden zumachen. Sie müssen aus Europa ein Vaterland machen, das nicht von der stillen Ergebung ins Unvermeidliche strukturiert wird, sondern von Lust und Glück. Es könnte sonst in den Strudel hineingezogen werden, in dem das russische Vielvölkerreich unterzugehen droht.

Man kann nicht so tun, als berühre uns das gar nicht, wenn immer neue ethnische Gruppen sich aus diesem Staate herauslösen wollen, dem sie sich nie freiwillig integriert haben. Die Baltischen Staaten haben den Anfang gemacht und werden weitermachen, mit wenig Gewalt zunächst, aber nicht ohne Haß. Die Aserbeidschaner und die Armenier, Moslems die einen, Christen die anderen, sind längst zum offenen Bürgerkrieg übergegangen. Wechselseitiger Haß ist keine hinreichende Erklärung für das, was dort geschehen ist. Immer neue Umsiedlungen werden dem Übel nicht abhelfen, vielmehr werden andere Turkvölker sich dem Begehren der Aserbeidschaner anschließen, vielleicht vollkommen veränderte staatliche Gebilde unter dem Einfluß des islamischen Fundamentalismus erzwingen. Nur, wie wird und wie kann Rußland auf seinen möglichen Zerfall reagieren? Mit friedlichen Mitteln und dem Versprechen, den aufbegehrenden Völkern ein wahres Vaterland zu schaffen? Oder noch einmal mit einem Bürgerkrieg wie vor siebzig Jahren?

Uns scheint das nicht zu kümmern, seitdem wir unsere nationalistische Zipfelmütze über die Augen gezogen haben und an nichts mehr denken als die ›Wiedervereinigung‹, die sich angeblich von selbst und ohne unser Zutun im Eiltempo vollzieht. Die Siegermächte, hört man aus Bonn, sollen nicht gefragt werden. La Germania farà da sè. Wir sind dabei, wieder den Anschluß an den destruktiven Nationalismus zu finden, nach vierzig halbwegs vernünftigen Jahren. Und was wird aus dem Anschluß an Europa? Und was ist mit unserer Schuld am jetzigen Zustand Europas?

März 1990

Sowas kommt von sowas

Fremdes ist willkommen, weil es eine kulturelle Bereicherung
bedeutet. Es darf nur nicht fremd aussehen, sich fremd benehmen
oder sonst wie fremdartig wirken. Und es darf schon gar kein
Kopftuch tragen.

Vor mehr als einem Jahrhundert kursierte die Geschichte von der
deutschen Intervention bei der Ottomanischen Pforte, die Einspruch
dagegen einzulegen versuchte, daß der Sultan immer von den Chri-
stenhunden spräche. Der Sultan, hieß es, sei bereit, davon abzugehen,
jedoch nur unter der Bedingung, daß die Christen aufhörten, ihre
Hunde Sultan zu nennen. Natürlich ist das eine erfundene Geschichte,
die einerseits einer gewissen Empfindlichkeit Ausdruck gibt, andererseits aber den angeblichen Konflikt sofort relativiert.

Lassen wir dahingestellt, ob der Sultan tatsächlich offiziell das Wort
Christenhunde verwendete – was nicht geleugnet werden kann, ist
die Verwendung von Sultan als Hundename, in der deutschen Literatur ebenso wie in der deutschen Wirklichkeit. Auch Bismarck mit
seiner Dogge macht da keine Ausnahme. Er wäre kaum auf den Gedanken gekommen, seinen Hund Papst zu nennen, wohl auch nicht
Kaiser, während ein anständiger deutscher Schäferhund getrost Rex
gerufen werden darf. Manches schickt sich und manches schickt sich
nicht, aber die Neigung, sich vom anderen gekränkt oder beleidigt
zu sehen, ist weit verbreitet, weiter jedenfalls als die Fähigkeit, an
dem Anstoß zu nehmen, was das Eigene dem Fremden antun kann.

Der Fremde als Fremder gehört nicht ins Eigene, und wenn er
schon kommt, gerufen oder ungerufen, dann soll er sich gefälligst an

die Landesbräuche anpassen und in generationslangem Bemühen nach und nach zum Deutschen werden, wie die Polen im Ruhrpott, ohne die es kaum einen deutschen Fußball gegeben hätte. Früher hieß das Assimilierung, heute heißt es undeutlicher Integration. Es handelt sich dabei um eine Einbahnstraße, denn so wie wir erwarten, daß irgendwann nur noch der fremde Name Kenntnis von fremder Herkunft gibt, die Fremden sich möglichst als überangepaßte Deutsche einfügen, so erwarten wir auch, daß Deutsche niemals aufhören, Deutsche zu sein. Das wäre ein Makel. Sie können Jahrhunderte in der Fremde verbracht haben, Deutsche bleiben sie, müssen sie bleiben, auch wenn sie in nichts mehr an ihre Herkunft erinnern. Sonderlich deutsch brauchen sie gar nicht zu wirken, und wenn man's ihnen auch weder ansieht noch anhört, den Status als Deutschstämmige können sie gar nicht verlieren. Sie müssen heim ins Reich.

Fremden dagegen, die seit Generationen in Deutschland leben, wird es ungewöhnlich schwer gemacht, die deutsche Staatsbürgerschaft zu erwerben, schon gar wenn sie aus einem anderen Kulturkreis gekommen sind. Denn Deutschland ist, wie man weiß, kein Einwanderungsland, seine Ideologie ist auf das Blut und nicht auf den Boden gegründet. Eine Zwecklüge der Völkischen, der keine gesellschaftliche Wirklichkeit mehr entspricht. Viele, sehr viele Fremde haben wir selbst ins Land geholt, weil die Wirtschaft sie brauchte. Andere sind von allein gekommen, weil sie sich ein besseres Leben in einem sogenannten demokratischen Rechtsstaat versprachen.

Nun sind sie da und irritieren in einer langanhaltenden Wirtschaftskrise viele Deutsche, die darauf bestehen, ein verbürgtes Recht darauf zu haben, in ihren eigenen deutschen Lebenskreisen nicht gestört zu werden. »Deutschland den Deutschen«, brüllen die dann, und nicht erst seit ein paar Jahren, sondern mindestens schon seit dem Ersten Weltkrieg, an dessen Ausgang es einen »Schutz- und Trutzbund Deutschland den Deutschen« gab. Die Nichtdeutschen, die damals eliminiert werden sollten, waren übrigens die Juden, von denen auch

»Der Verfolgungsgeist ist ein wahrer Tyrann, welcher die Länder entvölkert.
Die Toleranz ist eine zärtliche Mutter, welche sie blühend macht.«
Friedrich II. von Preußen.

heutzutage viele meinen, sie seien gar keine Deutsche und gehörten
nach Israel. »Ihr Präsident« ist demnach nicht Herzog, sondern Net-
anjahu. Pervers.

Immerhin, der Konflikt entzündet sich nicht mehr so sehr an der
»Andersartigkeit« der Juden, sondern an der Andersartigkeit der
Moslems, von denen Gefahr für das christliche Abendland ausgehen
soll. Deutschland also nicht bloß den Deutschen, sondern auch den
deutschen Christen, die keine Moscheen und Minarette sehen wollen.

Begeistert haben sich die Deutschen an fremdländische Küchen
gewöhnt und möchten nicht mehr ohne sie auskommen, aber sie
haben sich nicht gleicherweise an die fremdländischen Köche gewöhnt, die einen anderen Gott verehren und ihre Identität nicht auf-
geben wollen. Gebetspausen während der Arbeit – wo kämen wir
da hin? Das Schächten von Tieren aus religiösen Gründen – die reine
Tierquälerei. Und dann auch noch das leidige Kopftuch – nichts als
ein Beweis für die Unterdrückung der moslemischen Frau.

Man muß das ja nicht mitmachen, aber dürfen es die Fremden
auch nicht? Schächten, das dürfen allenfalls die Juden, mit denen wir
es uns nicht verderben wollen, nachdem wir sie, ihre europäische
Mehrheit jedenfalls, kalt ermordet haben. Nicht aber die Moslems,
weil wir ja so tierliebend sind, ohne uns je die Frage zu stellen, ob die
deutsche Tierhaltung, ob die deutsche Tierschlachterei auch nur im
geringsten von Tierliebe zeugen. Und das Kopftuch? Stören uns die
Nonnen, die ebenfalls ihren Kopf verhüllen? Aus religiösen Gründen.
Das christliche Kopftuch ist halt christlich und damit wohl auch
deutsch, obgleich angeblich der größte Stolz der germanischen Frauen

ihr üppiges und stolz gezeigtes Haar gewesen ist. Freilich ist es keine Glaubensvorschrift für alle christlichen Frauen, und freilich gibt es auch moslemische Gesellschaften, die Türkei etwa, in denen das Tragen von Kopftüchern politisch verpönt ist, so wie es andere moslemische Gesellschaften gibt, in denen es aus politischen Gründen gefordert wird. Uns geht es eigentlich nichts an. Es sei denn, eine Kopftuchträgerin will Lehrerin werden. Sie trägt ihr Kopftuch, obgleich sie alles andere als eine Fundamentalistin ist. Sie stammt aus Afghanistan, aus privilegierten Kreisen, ist aber längst Deutsche und erfüllt nicht nur alle Bedingungen für ihren Beruf, sondern sie liebt ihn auch. Sie hat nach übereinstimmenden Berichten nie den geringsten Versuch gemacht, ihre Schüler zu indoktrinieren, aber ihr Kopftuchtragen wird als möglicher Indoktrinationsversuch bewertet.

Sie müsse ein Beispiel geben, aber ihr ostentatives Kopftuchtragen könne leicht ein schlechtes Beispiel für diejenigen ihrer Schülerinnen werden, die sich den Zwängen des Koran nicht unterwerfen wollten. Nein, nein, sagt sie, dazu werde es nie kommen, sie werde das Gespräch mit diesen Schülerinnen suchen, aber sie in ihrer Entscheidung nicht beeinflussen. Das klingt nicht ganz überzeugend, denn auch ein solches Gespräch ist mindestens der Versuch einer Beeinflussung.

Sie selbst, sagt sie, trüge das Kopftuch ja nicht aus ideologischen Gründen, sondern »das Tuch abzulegen, hieße für mich, mich zu entblößen. Es wäre eine Entwürdigung«. So empfindet sie das eben und erweist damit, daß sie so ganz verwestlicht nicht ist. Nur daß sie deswegen keine beamtete Lehrerin werden darf, ist nicht einzusehen. An deutschen Schulen ist immer indoktriniert worden, vor allem in den Gesinnungsfächern, und ganz zu vermeiden wird das nie sein.

Vermieden werden könnte dagegen das Kopftuch in der Schule. Dann aber müßten die Deutschen endlich Ernst mit der Trennung von Staat und Kirche machen, folglich jede Form von Religiosität aus der Schule verbannen. Keinen Religionsunterricht mehr, keine Kruzifixe mehr, keine Morgenandachten mehr und immer so weiter.

Das Kruzifixurteil des Verfassungsgerichtes hat an der schulischen Wirklichkeit wenig geändert, und weil das so ist, können Nichtchristen ebenfalls Ansprüche anmelden. Was den einen recht ist, muß den andern billig sein, denn Deutschland gehört längst nicht mehr den Deutschen, so wenig wie Frankreich den Franzosen oder England den Engländern.

Wir haben im Lauf der Zeit gelernt, den alten, unerträglichen Zwiespalt zwischen Katholiken und Protestanten zu überwinden, warum also sollten wir bei einigem Bemühen nicht auch lernen können, den Zwiespalt zwischen Christentum und Islam zu überwinden? Oder können wir immer nur mit einem erklärten Feind leben? Brauchen wir ihn so notwendig? Vielleicht, vielleicht sollte man Montesquieus »Persische Briefe« zur Pflichtlektüre machen. Der einen und dem anderen würde das unter Umständen die Augen öffnen.

September 1998

Von deutscher Leitkultur

Was ist deutsch? Erst war's der Endsieg, dann Coca-Cola.
Heute ist es Johannes Rau plus Bundesgrenzschutz

Früher war alles so einfach. Kohl war die Partei und die Partei war
Kohl, der höchstens einmal nach rechts oder links schaute, um zu
sehen, ob da noch einer wäre, der gekauft werden könnte oder müßte.
Er verstand sein Regierungsgeschäft weniger nach Gutsherrenart als
vielmehr nach der Art absoluter Herrscher, die niemandem Rechenschaft schuldig waren und taten, was sie wollten. Nur hielten die das
nicht für Demokratie, wohl aber tat Kohl das. Er sah keine Differenz
zwischen sich und dem Staat, vor allem aber hielt er sich für unersetzlich, weil er doch seinem Vaterlande so große Geschenke gemacht
hatte: den Euro, der dem Dollar Konkurrenz machen sollte, in Tat
und Wahrheit aber längst von ihm abgehängt worden ist, die EU,
die an ihrem unkontrollierbaren Wachstumswunsch zu implodieren
droht, und sein politisches Ziehkind, die fransenbewehrte Angela
Merkel. Um dieser vermeintlichen Verdienste willen hielt er sich eben-
sowohl für unangreifbar wie für unersetzlich.

Diesem Spuk wollte Frau Merkel, anscheinend ohne jede Abspra-
che, ein Ende bereiten und veröffentlichte einen Artikel in der *Frankfurter Allgemeinen,* der einerseits ihren Ehrgeiz befriedigte und andererseits eine neue Ära einläuten sollte. Freilich hat sie sich in allem
getäuscht, in sich selbst, in der Partei und vor allem in Kohl. Sie war
nicht stark genug, um sich durchzusetzen, die Partei wollte keineswegs
auf ihr Idol verzichten, und Kohl war alles andere als bereit, sang-
und klanglos abzutreten. So begann sie zu lavieren, schaute auch

ihrerseits nach rechts und links, und da sie nur die Möglichkeit hatte, die Partei zu spalten, was sie weder wollte noch wollen konnte, schickte sie jeweils ihre Minenhunde vor, um die Stimmung zu erkunden. Sie führte die Partei nicht, sondern blieb von ihr auf fatale Weise abhängig. Was sie wollte, äußerte sie bisweilen, um es dann wieder zurückzunehmen, wenn sie keine Mehrheiten fand. Was sie an dem einen Tag für richtig befunden hatte, nahm sie am nächsten zurück und hatte es auch gar nicht so gemeint.

Dann lieferte ihr der Fraktionsvorsitzende ein großartiges Stichwort, das von der deutschen Leitkultur, aus der bald die Leitkultur der Deutschen wurde. Und schon war sie auf dem nationalistischen Dampfer, und die Anhänger der SPD und der Grünen waren wieder einmal vaterlandslose Gesellen, denen man die Geschicke der Nation unter keinen Umständen anvertrauen durfte. Nur hatten die gerade die Wahl gewonnen und machten, bei allen Fehlern, ihre Sache gar nicht ungeschickt.

Man könnte, dachten sie und ihre Anhänger, diese Bande wieder loswerden, wenn man die angebliche Mitte und vor allem die Rechten zurückgewönne. Indem man ihrem Affen Zucker gab. Und dieser Affe hieß Deutschsein um jeden Preis, als wäre das ein unbezweifelbarer und nach wie vor auf die Deutschstämmigkeit gegründeter Begriff. Die anderen, immerhin rund sieben Millionen, blieben Fremde, die sich die Möglichkeit, irgendwann einmal Deutsche zu werden, unter Bedingungen verschaffen sollten, die auch viele Deutschstämmige kaum erfüllen könnten.

Was jetzt Leitkultur heißt, hieß vor sechzig Jahren noch germanische Wertwelt, durch die selbst ein Shakespeare erst zu seiner rechten Größe emporwachsen konnte. Damals hat sich erwiesen, wozu die genuin deutsche Leitkultur fähig war: zu einem bis dahin ungekannten Ausrottungsplan, der nicht bloß Plan blieb, sondern verwirklicht wurde. Wenn die CDU heute verkündet, daß Zuwanderungspolitik und Integrationspolitik nur dem gelingen könnte, der sich seiner eigenen nationalen und kulturellen Identität gewiß sei, gibt sie sich einer Täuschung hin, denn nicht um sie geht es, sondern um die Einsicht in die Relativität nationaler Weltbilder. Die sind einem ständigen Wandel ausgesetzt, und was heute für deutsch gilt, war es vor zwei- oder dreihundert Jahren keineswegs. Und außerdem: woher stammen die Idealvorstellungen, die uns die Alliierten aufgezwungen haben? Doch nicht aus Deutschland, sondern zum Beispiel aus Frankreich mit den drei Grundforderungen der Revolution, Freiheit, Gleichheit und Brüderlichkeit, die die Revolutionäre allerdings nicht so weit trieben, daß sie nicht Andersmeinende oder vermeintlich Andersmeinende durch die Guillotine einen Kopf kürzer gemacht hätten. Und die Deutschen, die eben noch in der Mehrheit Hitler und seinem nie erfolgten Endsieg zugejubelt hatten, jubelten nun den Überzeugungen der Alliierten zu, in der Hoffnung, man werde ihnen ihre Verbrechen nachsehen, wenn sie so würden, wie die westlichen Alliierten sie gern gesehen hätten. Nur, sie werden ihre Verbrechen noch lang mit sich herumschleppen müssen und kaum verstehen, was die anderen immer noch gegen sie haben. Sie sind nicht so recht glücklich, und deswegen ist ihnen die Formel der nordamerikanischen Verfassung vom »pursuit of happiness«, dem Streben nach Glück, so fremd.

Das größte Glück für die größte Zahl – was für ein Unsinn. Die Aufklärer, die das Glück einforderten – wie wirklichkeitsfern. Für Diderot, dem das Glück so wichtig war, daß er den Artikel in der »Encyclopédie« selbst schrieb, bedeutete das: »Alle Menschen sind sich einig in dem Wunsch nach Glück. Die Natur hat uns allen ein Gesetz für unser eigenes Glück gegeben. Alles, was kein Glück ist, ist uns fremd; einzig das Glück hat eine unverkennbare Macht über unser Herz.« Es haben nach ihm nicht nur Fichte und Hegel das Recht auf Glück als Gnade gedeutet, sondern wir pflegen zu sagen, daß das Glück ein Rindvieh sei, das seinesgleichen suche. Wir halten nichts von ihm.

»Es gibt ein Glück, allein wir kennen 's nicht: Wir kennen 's wohl und
wissen 's nicht zu schätzen.«
Goethe, 1789

Was wir aus eigenem eingebracht haben, ist weniger erfreulich. Da
wäre zunächst die Nibelungentreue, die uns den ersten Weltkrieg eingebrockt hat. Von ihr hat der Reichskanzler Bülow 1909 gesagt:
»Meine Herren, ich habe irgendwo ein höhnisches Wort gelesen über
unsere Vasallenschaft gegenüber Österreich-Ungarn ... Die Nibelungentreue wollen wir aus unserem Verhältnis zu Österreich-Ungarn
nicht ausschalten, die wollen wir gegenseitig wahren.« Die Folgen
sind bekannt. Sie haben aus einer beträchtlichen kontinentalen Macht
den kranken Mann in Mitteleuropa gemacht.

Dann wäre da der von den Jesuiten übernommene Kadavergehorsam, der zum deutschen Laster schlechthin geworden ist. Ignatius
von Loyola erlegte seinen Brüdern auf, sich von der göttlichen Vor-
sehung durch die Oberen tragen und leiten zu lassen, »als wären sie
ein Leichnam, der sich überall hintragen und auf jede Weise behandeln läßt«. Wie gut sich damit leben läßt, haben die Deutschen in
zwei Weltkriegen und zwei Diktaturen bewiesen. Sie sind eher zugrunde gegangen, als daß sie rechtzeitig aufgemuckt hätten.

Schließlich haben wir noch einen dritten Leitbegriff, der allerdings
eher einen Mangel ausdrückt, die Zivilcourage. Genußvoll hat, wie
nicht anders zu erwarten, Bismarck Gebrauch von ihm gemacht, in
unausgesprochenem Bezug auf den Kadavergehorsam. Es ging um
einen Mann, von dem er sagte: »Sehen Sie, der war Artillerist und
hätte, ohne zu zucken, eine Batterie gestürmt. Aber Zivilcourage, die
hatte er nicht für einen Pfennig.«

Wie man sieht, ist es nicht weit her mit dem deutschen Beitrag zur
Leitkultur. Da hilft auch kein Bekenntnis zur »Wertegemeinschaft
des christlichen Abendlandes« oder zur »europäischen Kulturgemein-

schaft«, aus der wir uns vor gar nicht so langer Zeit mit Donnerschlag verabschiedet haben und wieder einmal zu verabschieden suchen, indem wir das Asylrecht von Woche zu Woche weiter aushöhlen.

Vielleicht ist das Glück am Ende und am Anfang doch etwas Wertvolleres als eine deutsche Leitkultur.

Dezember 2000

Der Boehlich

oder Die unerschöpfliche Geduld im Erklären: Zur Besonderheit einer legendären Heftkolumne

Von Stefan Gärtner

O daß wir unsere Ururahnen wären.
Gottfried Benn

I

Es mag überraschen, aber Nachrufe auf TITANIC-Kollegen und -Kolleginnen sind gar nicht lustig; jedenfalls nicht in erster Linie oder allenfalls auf diese sentimentale, anekdotenhafte Weise, wie man sie von Beerdigungen kennt. Vor dem Tod als solchem muss der Witz zwar nicht schweigen – vor dem schon mal gleich gar nicht –, vorm Heimgang eines geschätzten Menschen darf er's aber ruhig; und allenfalls dem Humor, laut Jean Paul fürs Unendliche zuständig, das Feld überlassen.

Der Nachruf auf Walter Boehlich, den Hans Zippert fürs Maiheft 2006 verfaßt hat (und der natürlich an der Stelle zu stehen kam, die jahrzehntelang für den Boehlich-Essay reserviert gewesen war), ist dagegen saukomisch, ein satirisches Glanzstück, was vielleicht daran liegt, daß Hans Zippert nach Auskunft des TITANIC-Layouters Tom Hintner »ein Genie« ist, und sicher daran liegt, daß nach Auskunft des Genies und ehemaligen Blattchefs »von allen Mitarbeitern dieser Zeitschrift [...] Walter Boehlich die mit Abstand schillerndste, mysteriöseste und gleichzeitig ehrfurchtgebietendste Persönlichkeit« war. Witz ist ja nicht zuletzt ein Mittel, um Leerstellen zu füllen – eine Regel fürs Witzhandwerk ist: Nicht zuviel, am Ende alles vom Gegenstand wissen! –, und das mit dem »Faszinosum« (Jenninger, 1988), es stimmte halt:

Von weitem betrachtet sah »der Boehlich« ziemlich trocken aus. Ein Buchstabe folgte auf den anderen, hin und wieder von Satzzeichen unterbrochen, aber wenn man sich die Mühe machte, die Buchstaben zu verbinden, dann stellten sich oft Erkenntnisgewinn, Bewußtseinserweiterung und Aufklärung ein. Boehlich konnte und wollte über alles schreiben, nur nicht über »Opern, Kinder und Afrika«. Er kannte den Kulturbetrieb wie kein anderer TITANIC-Mitarbeiter, was allerdings nicht wirklich schwierig war. Seine bloße Anwesenheit bei Weihnachts- und Geburtstagsfeiern verhinderte, daß dort zuviel Blödsinn geredet wurde. Wer in seiner Nähe das Wort Adorno auch nur dachte, wurde in ein Gespräch verwickelt, dem er niemals gewachsen war. Vergnügt zog Boehlich Rauch aus seiner Pfeife und genoß sichtlich das ehrerbietige Treiben um ihn herum. »Herr Boehlich, erzählen Sie mal, wie war das mit Max Frisch?« »Warum haben Sie den Steppenwolf umgeschrieben?« »Ist Martin Walser wirklich so eine blöde Nuß?« Und Boehlich ließ sich nicht lumpen und erzählte, wie er Max Frisch auf Grund einer Wette gezwungen hatte, den Namen »Gantenbein« in einem Romantitel zu verwenden, und wie er Martin Walser mit zwei blutjungen Buchhändlerinnen ..., aber da mußten wir leider eine neue Flasche Wein für ihn holen gehen und haben den Rest nicht mitgekriegt.

Wenn ich in mich horche, fällt mir sonst niemand aus dem Heftbestand ein, der nicht »wir« (gewesen) wäre; selbst die Fernen sind oder waren selbstverständlicher Teil der Familie, was sicher damit zu tun hat, daß alle die Überzeugung teilen, es sei gar nicht möglich, *zuviel* Blödsinn zu reden. Boehlichs Welt – und seine Aufgabe im Heft – war nun aber der Blödsinn gerade nicht, jedenfalls nicht der selbstgemachte; seine Texte, erkennt der (wiederum parodistische, die aus der Redaktion stammenden Geleitzeilen aufnehmende) Vorspann zum Nachruf, waren »überhaupt nicht lustig. Aber genau das war der Witz.« Walter Boehlich, geboren 1921 in Breslau als Sohn des Schriftstellers Ernst Boehlich und seiner Frau Edith, deren Eltern vom Judentum zum Protestantismus konvertiert waren, war (trotz fehlendem Studienabschluß) ein akademischer Profiphilologe, Assistent beim legendären Romanisten Ernst Robert Curtius; seine Stelle als Cheflektor bei Suhrkamp soll er seiner Rezension der Übersetzung von Prousts »Recherche« durch Eva Rechel-Mertens verdankt haben, einer Kritik, die so gründlich und kenntnisreich, darum freilich auch deutlich (wenn auch keineswegs vernichtend) war, daß Peter Suhrkamp Boehlich eingestellt haben soll, um ihn künftig nicht mehr gegen sich zu haben. Und wer immer sich für leidlich gebildet halten mag, der lese im verdienstvollen Sammelband »Die Antwort ist das Unglück der Frage« (S. Fischer, 2011) die Übersetzungskritik von Alejo Carpentiers Roman »El recurso del método« (dt. »Staatsraison«, 1976): Da packt man ein bzw. erst gar nicht aus. Und kann, mit Zippert, allenfalls wieder eine Leerstelle füllen: »Er beherrschte die vierzig gängigsten Sprachen der Welt, übersetzte spielend aus dem Spanischen, Französischen und Dänischen. Es kursierten Gerüchte, nach denen Walter Boehlich die gesamte zeitgenössische dänische Literatur im Alleingang geschrieben und synchron ins Dänische übersetzt hatte. Und so unfaßlich sein Wissen, so unbestechlich und genau sein Gedächtnis: ›Herr Boehlich, wir sitzen gerade an einer Glosse über das Mesozoikum, wie war das damals eigentlich?‹«

Beim Heft war Walter Boehlich ab der ersten Ausgabe vom November 1979 für die politische Basis- und Generalanalyse zuständig – Suhrkamp hatte er 1968 im Streit um ein Mitbestimmungsstatut für Lektoren verlassen und in einem »Autodafé« betitelten, damals sehr virulenten Text »die bürgerliche, die herrschende« Literaturkritik für »tot« erklärt –, und die Fama will es, die Heftgründer hätten dem Höchstgebildeten nahegelegt, bitte nicht ganz so schwer zu schreiben, das Heft läsen nämlich gerade auch jüngere Leute. Falls die Anekdote stimmt, war die Bitte überflüssig, denn wie sich im Fischer-Band nachlesen lässt, war Boehlichs Diktion auch außerhalb seiner TITANIC-Kolumne eine klare, zugängliche, der kritischen Sache umweglos verpflichtete, und sein Stil, so »unverschwommen«, wie er ihn einst an Max Rychner gelobt hatte, ließ das Schlechte, Falsche, Böse so augenfällig werden wie im (und als ihr) Gegenteil das Richtige und Gute. Nur sehr ausnahmsweise, vor objektiv Verwickeltem, verlor Boehlich im Heft diese Fassung, und seine seltenen Fehleinschätzungen waren bezeichnenderweise polemische, die das Verwickelte als in gerader Linie ausziehbar vorstellten: So sei, hieß es im März 1991, der Zweite Golfkrieg »ein Krieg, den sich keiner so vorgestellt hat, der mit nichts anderem enden kann als mit einer Katastrophe, gegen die die Verwüstungen des Zweiten Weltkriegs ein Laienschauspiel waren«. Und wenn Israel hier zu helfen sei, dann »ganz unabhängig davon, ob wir Israels schreckliche Weigerung, zur Lösung des Palästinenserproblems beizutragen, billigen oder mißbilligen«, eine Weigerung, die so einseitig schuldhaft freilich nie gewesen ist.

Was indes so klingen mag, als sei es für junge Leute vereinfacht, das ist so einfach wie im Juni 1980 die sog. deutsche Frage: »Es könnte so einfach sein, wenn man sich darauf beschränkte, den Schülern beizubringen, was ihrer, unserer Wirklichkeit entspricht: die Bundesrepublik in ihren Staatsgrenzen, östlich davon die Deutsche Demokratische Republik in ihren Staatsgrenzen und östlich von ihr Polen in seinen Staatsgrenzen.« Die DDR war ja damals »von unseren Brüdern und Schwestern bewohnt [...] – woraus wir schließen müssen, daß unsere Nachbarn im Norden, Westen und Süden keineswegs unsere Brüder und Schwestern sind« (August 1984), noch so eine monströse, dabei regelmäßig übersehene Banalität. Und es ging zum Thema noch einfacher, noch monströser (September 1989):

Unsere Schüler haben andere Vorstellungen, als sie haben sollen, mehr als die Hälfte von ihnen hält die DDR für Ausland. Ob der verbleibende Rest die DDR für Inland hält, wird nicht gesagt, und es wird auch nicht gesagt, was sie ist, wenn sie Ausland nicht sein darf und Inland nicht sein will. Ein ziemlich deutsches Problem, eins mehr.

Wir hatten schon einmal ein ähnliches, ebenso fiktives. Das war die »jüdische Frage«, die es auch nicht gab, die wir aber trotzdem auf unsere Weise gelöst haben. Da gibt es nichts mehr zu tun, und wohl deswegen machen wir uns an die Lösung der deutschen Frage, die uns ein wenig schwerer gemacht werden wird.

Das ist viel weniger polemisch als die reine Wahrheit, und was daran frivol ist, ist nicht die Sache des Autors. Walter Boehlich konnte polemisch werden, kein Zweifel, aber er war wesentlich kein Polemiker; seine Kritik war »bissig [...], aber ohne satirische Überdrehung«, um eine mit Blick auf Boehlichs Bemerkungen zum Fall Engholm (Dezember 1995) getroffene Feststellung Ulrike Baureithels zu generalisieren (im Tagungsband der Potsdamer Boehlich-Konferenz 2011). Warum sachlich, wenn es auch persönlich geht: nein. Boehlich hatte es mit der Sache. Er rechnete nicht ab, er rechnete vor. Jeder Satiriker ist Kritiker, aber nicht jede Kritik muß eine satirische sein, und als Satiriker hätte sich Boehlich sowenig gesehen wie als Künstler. »Schöpfung und Kritik stehen in einem funktionellen Zusammenhang«, schreibt er 1950. Er ist die Kritik.

TITANIC hingegen hat sich stets als mindestens teilkünstlerische Unternehmung verstanden: »TITANIC war eine Zeitschriftengründung nicht von Presseleuten, nicht von Journalisten, sondern von Künstlern, von Zeichnern, von Cartoonisten, von Dichtern, von Literaten«, diktierte (falls Wikipedia sich recht erinnert) Oliver Maria Schmitt, Chefredakteur des Heftes von 1995 bis 2000, der Kulturfernsehsendung »Titel, Thesen, Temperamente«. »Daher ist immer auch in der dunkelsten Satire noch etwas Künstlerisches, noch etwas über den Tag hinaus Lebendes.« Walter Boehlich und TITANIC begegneten sich da, wo Kritik als Kunst vorgetragen wird; was blieb, war der Abstand zwischen spielerisch-assoziativer Intellektualität auf der einen und strenger, analytischer auf der anderen Seite, zwischen Allotria und Evidenz, zwischen Faxen und – wenn die Plattheit aus illustrativen Gründen erlaubt ist – Fakten. »Wenn er etwas nicht wußte«, schreibt Klaus Reichert in seinem kleinen, den Fischer-Band eröffnenden Porträt, »ruhte er nicht, bis er es wußte«; wenn komische Künstler oder Satirikerinnen etwas nicht wissen, dann folgt die Volte. Zwar war Boehlich prägend für die politische Bildung einer ganzen Generation von Kollegen, ein »Fixstern« (Jürgen Roth, Jahrgang 1968), und es ist ja auch ganz klar, warum, denn derlei hat man früher im Leistungskurs Sozialkunde nicht gehört und hört man heute immer noch nicht:

Zu den merkwürdigen Eigenschaften des Staates gehört die, daß er keineswegs als notwendiges oder überflüssiges Übel angesehen, sondern respektiert werden will, als sei er eine Person wie ein absoluter Monarch. Er hat eine Hymne, die man nicht verächtlich machen darf, eine Fahne, die man nicht in den Schmutz ziehen darf, Hoheitszeichen, die man nicht mißbrauchen darf, und niemand kann erklären, warum er uns diese Fetische aufnötigt, die so überflüssig sind wie Ehrenkompanien, Musikzüge, Fahnenweihen, Vereidigungen; leere Hülsen, die aus der Steinzeit mitgeschleppt werden und mit uns selbst nicht das mindeste zu tun haben. (Oktober 1984)

Sowenig wie sich Geschichtsunterricht damit aufhalten wird, »daß viele Mitverschworene des 20. Juli keineswegs für eine kommende Demokratie und wegen der Konzentrationslager geputscht haben, sondern des verlorengehenden Krieges wegen und für einen halbfaschistischen Ständestaat« (September 1981). Aber soweit es TITANIC betrifft, war Boehlich nicht stilbildend: Er ist, sehe ich recht, ohne Schüler geblieben, sehr im Gegensatz zu dem anderen großen Kritiker und Bildungsschatzmeister, nämlich Eckhard Henscheid. Auch wenn ich nur für mich sprechen kann, spreche ich doch für viele: So wie Henscheid wollte man als junger Heftadorant schreiben; oder wenigstens wie Thomas Gsella, dessen himmelhoch kapabler Prosastil ohne den Älteren nicht zu denken ist. Zumal kritisch-polemische TITANIC-Prosa, das »Schimpfen«, ist (oder jedenfalls war) weithin Henscheid-Prosa.

Henscheid nun ist als Kritiker Schriftsteller, der in seinen »Sudelblättern« von 1986/87 (Werkausgabe, Polemiken, S. 354) das »integrale Mißverständnis der meisten Lese- und Schreiblaien« anzeigte, »das darin besteht, zu wähnen, Autoren schrieben primär aus keuschen Gesinnungen heraus. Sie tun das nur sehr selten – und vielmehr aus Vergnügen an bestimmten Posen, Gesten, Formen. Das als Motto diesem Buch vorangestellte Jean-Paul-Wort sei hier dankbar wiederholt: ›Satire wohnt in meiner Feder, nicht auf meiner Zunge, nie in meinem Herzen.‹« Boehlich dagegen moniert 1952 als junger Mann im *Merkur*, die Gebrüder Grimm hätten sich in ihrem Wörterbuch doch sehr auf »das naive und poetische Element der Sprache« konzentriert (»der Romantik [...] Schattenseite«) und fragt 1968, heimlich Walter Benjamin zitierend (was, wie Boehlich später feixend vermerkt, tatsächlich niemandem auffällt): »Können wir keine Kritik haben, die den fadenscheinig gewordenen Kunstwerk-Begriff über Bord wirft und endlich die gesellschaftliche Funktion jeglicher Literatur als das Entscheidende versteht und damit die künstlerische Funktion als eine beiläufige erkennt? [...] Können wir keine Kritik haben, deren Autorität sich darauf gründet, daß der Kritiker sich über die Funktion klar ist, die Literatur hat, und daß von dieser Funktion abhängen muß, was über Literatur gesagt wird?«

Posen, Gesten, Formen hier, ein fadenscheinig gewordener Kunstwerk-Begriff da; Literatur als Ausdruck auf der einen, als Funktion auf der anderen Seite. Man wird beides nicht so heiß lesen wollen, wie es dasteht, aber geht es um die Frage nach der Ästhetik von TITANIC und der Rolle Walter Boehlichs ebenda, kommt man an Henscheid nicht vorbei, zumal an seiner Romantik nicht, dem universalpoetischen, um Hegel, Kleist und Schopenhauer erweiterten Glauben nämlich, daß Erlösung, so nicht in der Gedankenferne selbst, allenfalls da wartet, wo der Geist am Quatsch zu sich selbst kommt: »Nicht schlecht aber auch Paul Breitner über ein Veteranen-Fußballturnier in Südamerika: ›Die Qualität konnte der Erwartungshaltung nicht standhalten‹ – ja, in gewisser Weise weist zeittypischer Hirnmüll dieser Art schon wieder selbst über Kohl hinaus weit in eine noch schönere Welt.« (Sudelblätter, a. a. O., S. 425) Die Heftmaxime, »das klare Ja zum Nein!«, im '99er Jubiläumsband von den Herausgebern Peter Knorr und Hans Zippert noch einmal formuliert und exemplifiziert: »Gegen Schmidt, gegen Kohl, gegen Schröder. Gegen Unterdrückung, Diktatur, Minderheiten, Mehrheiten und Immobilienmakler«, ist nicht allein Marcuses Große Weigerung, wie sie einer »Neuen Frankfurter Schule« ja gut zu Gesicht steht. Es ist ein romantisches Kunstbekenntnis, wenn zumal in den häßlichen Dingen ein Lied schläft und sich gerade im Dreck das Glück entbirgt, und »außer Waffenproduzenten und Drogenhändlern profitiert doch keine andere Berufsgruppe so sehr vom Unglück der Menschheit wie die Satiriker« (ebd.).

2

Überliefert ist der Satz Boehlichs, man müsse »immer nein sagen«, und der Heftkolumnist Boehlich hat immer nein gesagt: zu alten Nazis in neuen Ämtern, zu verdrängter Schuld und politischer Großmannssucht, zum Nationalgedanken und zur Naturvernichtung, zu Ausländerhaß, Rechtschreibreform, Kohls Moralwende und

Walsers Moralkeule. Ein Fundamentaloppositioneller war er deshalb nicht, eher ein, wie Peter Rühmkorf das in eigener Sache nannte, Meliorist (und auch das ein Grund, in Boehlich keinen Polemiker zu sehen, schon gar keinen, wie Reichert es so formlos tut, »aus Leidenschaft«): Sein Nein war keins der Kunst, noch eins der Revolution, sondern eins, das die Möglichkeit konkreter Verbesserung im Auge behielt, und bestehe diese Verbesserung auch nur darin, das nutzloseure Amt des Bundespräsidenten abzuschaffen. Die Aufsätze Boehlichs, dessen »unerschöpfliche Geduld im Erklären« Reichert als »Hoffnung auf Vernunft« kennzeichnet, waren keine Polemiken, sondern Propädeutika, waren nicht radikale, sondern republikanische Kritik (falls nicht radikal republikanische) – sein Pronomen der Wahl war das gern auch ironische »wir« –, waren nicht Kraus, sondern Tucholsky, Teile eines politischen Katechismus, den man jedem Schulabgänger und jeder Abiturientin noch heute in die Hand drücken müßte:

Beides gleichzeitig, Deutscher und Moslem, das geht halt nicht, wie jedermann einsehen wird. [...] Zwar weiß niemand so genau, was das sein soll: Deutscher sein, aber etwas sehr Hehres ist es allemal, und da es das ist, kann es nicht allen zustehen. (September 1988)

Das Nationalgefühl, das wieder einmal die Gedankenlosen eint, gehört sowenig zur Natur des Menschen wie die Staaten, in denen er sich organisiert oder zwangsweise organisiert wird. [...] Die Nationalstaaten sind eine Pest gewesen, die zerstört haben, was sich irgend zerstören ließ. (März 1990)

Es darf wieder gestorben werden, aber es sterben nicht die, die den Krieg gewollt haben, die ihn arrangiert haben – die werden ihn überleben, weil sie die Möglichkeit haben, andere sterben zu lassen, sich zu Krüppeln bombardieren zu lassen, zu ersticken, zu verhungern, an Seuchen zugrunde zu gehen oder auch nur vor Angst umzukommen.
(März 1991)

Die Richtlinien der Politik werden längst nicht mehr von der Regierung bestimmt, sondern von der Wirtschaft, die niemandem verantwortlich ist, sondern nur darauf achtet, wie sie am besten auf dem Weltmarkt besteht. Sie modernisiert und sie rationalisiert, sie verlagert ihre Kapazitäten in Billiglohnländer, und sie setzt, wie es heißt, Arbeitskräfte frei, will sagen, sie schafft Arbeitslose, für die sie nicht aufkommt, sondern andere, die sich, bitte, den Gürtel enger schnallen sollen.
(Januar 1996)

Die SPD darf bei uns nur an die Macht kommen, wenn die CDU sich die Hände nicht zu dreckig machen will.
(November 1998)

Aber die Menschenrechte, die Menschenrechte. Beginnt man erst einmal, sich auf sie zu berufen, gibt es keinen Halt mehr, oder doch nur den Halt, der opportun scheint.
(November 1999)

Was jetzt Leitkultur heißt, hieß vor sechzig Jahren noch germanische Wertwelt [...] Vielleicht ist das Glück am Ende und am Anfang doch etwas Wertvolleres als eine deutsche Leitkultur.
(Dezember 2000)

Nach dem geläufigen Wort Tucholskys ist der Satiriker ein gekränkter Idealist, und es ist dies eine im doppelten Verstand notwendige Kränkung: einmal, weil die Welt nun einmal schlecht ist, zweitens, weil ohne diese Kränkung niemand Satiriker werden muss. Dem Kritiker Boehlich, obzwar auch er die Welt »besser haben« (Tucholsky) will, ist diese Kränkung fremd. 1954 hat er im Aufsatz »Die fehlende Generation« (nachgedruckt im »Antwort«-Band) einen jungen Philologen beifällig mit dem Satz zitiert: »nella szienza è impossibile evitare il positivismo«, unmöglich, in der Wissenschaft den Positivismus zu vermeiden. Boehlich, laut seines Kurzbiographen Reichert, »liebte Plessner (nicht Adorno)«, und das Grandhotel Abgrund, es war nicht sein Logis, denn das, was ist, ist nicht zuerst lächerlich oder fatal, sondern das, »was unserer Wirklichkeit entspricht«, wie unschön sie immer sein mag. Als es im Dezember 1984 um Helmut Kohl, Flick und Brauchitsch ging, kannte Boehlich natürlich auch seinen Machiavelli:

Moral hat mit dem Regieren nicht das mindeste zu tun, und also sollte man aufhören, von Moral zu sprechen; sie ist kein Helfer in solcher Lage. [...] Da Kohl gewählt worden ist, um sich zu behaupten, nicht aber um sich ruinieren zu lassen, darf niemand ihm Vorwürfe machen. [...] Das Gute oder Schlechte an der Demokratie ist nun, daß ihre Männer von Rang nicht mit ihren Rängen geboren werden. Sie müssen sie sich erobern und das Eroberte danach zähe verteidigen, und wenn sie wirklich ein Stück Macht verlieren, weil andere mächtiger werden oder werden wollen, dürfen sie sich ihren Machtverlust auch ein wenig vergolden lassen. [...] Wenn das so ist – und Machiavelli wußte, wovon er sprach –, sind auch die moralischen Vorwürfe, die gegen einige unserer Männer von Rang erhoben werden, einfach läppisch. Sie gehen an der Sache und den Sachzwängen vorbei.

Wir wissen, daß der Mensch gar nicht gut ist und daß die Politiker auch nur Menschen sind. Da wir sie brauchen, weil uns ja jemand regieren muß, müssen wir auch ein Nachsehen mit ihnen haben, sofern sie so sind wie wir alle – oder doch hinreichend viele von uns.

Wer möchte, kann das freilich ironisch lesen; man kann es aber auch sehr gut bleiben lassen; oder sich dafür entscheiden, daß der Text beide Lesarten anbietet, weil sie das Dilemma aufspannen zwischen Positivismus und Moral. Im Heft war Helmut Kohl längst »Birne«; bei Henscheid wurde er, in seiner singulär kunstvollen Kohl-Biographie von 1985, zur universalpoetischen Chiffre KOHL; bei Walter Boehlich war Kohl ein Politiker, der tat, was Politiker nun einmal tun: an der Macht bleiben wollen.

Wie vom Weltgeist eingerichtet dann, daß Walter Boehlichs letzte Heftkolumne vom Januar 2001 eben Kohl gewidmet war und daß, nachdem dieser ein »Tagebuch« zur Spendenaffäre vorgelegt hatte, Kohl auch bei Boehlich fast zu jener Witz- oder jedenfalls Kunstfigur wurde, die dem Heft in seiner ganzen bisherigen Geschichte so treu gedient hatte. Aber eben nur beinahe: »Statt endlich die Herkunft seiner ›Spendengelder‹ zu klären, widmet er sich der Selbstverteidigung auf so unerträgliche Art, daß er in aller Öffentlichkeit sein eigenes Glanzbild demoliert. Nicht die böse Presse, nicht das undankbare Volk reduzieren ihn auf Null, sondern er selbst besorgt das auf eine gnadenlos plumpe Art.« Nicht auf *seine* gnadenlose Art, sondern auf *eine*; und nicht auf die Null, die er evtl. ist, wird er reduziert, sondern schlicht auf Null: ein politischer Fehler und seine (mathematische) Konsequenz, nicht ein Witz, der zu sich selbst kommt. Das ist wiederum und abschließend Phänomenologie, und zwar, soweit sich das trennen läßt, politische, nicht ästhetische: »Von Verrätern sei er umgeben gewesen, die nun alle versuchten, ihr Schäflein ins Trockene zu bringen. [...] Und die Wahlniederlage vor zwei Jahren? Die sei allein der Tatsache zu verdanken, daß es seiner Partei nicht gelungen sei, ihre Reformpläne populär zu machen. Nur, womit hat die SPD ihre Wahl gewonnen? Mit der Propagierung von Reformplänen, an denen es die CDU während der gesamten Kohl-Herrschaft hatte fehlen lassen.«

Im Februarheft dann die redaktionelle Mitteilung, Walter Boehlich gehe es nicht gut; im Märzheft, als klar war, daß es ihm nie wieder gut genug gehen würde, um seine Kolumne fortzusetzen, sprang dann schon Henscheid ein, mit einer Philippika wider den »gar zu unglaublich vom Glück übersäten Dummbauern« Joschka Fischer (Titel: »Was ein dummes Leben«), die, bei allem Hohn, schon wieder die Faszination angesichts des in Totalität waltenden Blödsinns, des Schopenhauerschen »Schauspiels« erkennen ließ und mit der konsequenten Verballhornung »Jockel« ihre Kunstfigur halb erledigte und halb erschuf:

Drei Biographien hat im 53. Lebensjahr der einstige »Motorrad-Prügler« (Schirrmacher) und hessische Turnschuhminister und spätere Jogging-Bestsellerautor und heutige Stresemann-Vortragskünstler Jockel Fischer über sich ergehen lassen und hinter sich gebracht, nebst momentan schon 3 ½ Ehen. Und »heftigen« (Fischer) letzten Wochen dazu. Aber, auch wenn ihm Grass dabei überraschenderweise noch nicht mit Apologie und Zuspruch beigesprungen ist: Ohnehin ist das Volk mit ihm weiter wie nichts Gutes unvergleichlich sehr »zufrieden« (Infratest).

Was ein strotz-, ein furzdummes, was ein charakterhülsenleeres und zutiefst gemütsvergammeltes Leben.

Und was aber dafür für eine »heitere« (Schiller) Kunst. W.z.b.w.

3

»Es muß wohl etwas Schönes sein um die Kunst«, klagt, in der Vorrede zu seinen Gesammelten Schriften, Ludwig Börne, der als Kritiker, heißt es, nie den Anspruch erhob, Schriftsteller zu sein. »Aber sie sind so gerecht, die Kunstkenner, daß mich oft schaudert. Nicht was die Kunst darstelle, es kümmert sie nur, wie sie es darstelle. Ein Frosch, eine Gurke, eine Hammelskeule, ein Wilhelm Meister, ein Christus – das gilt ihnen alle gleich; ja sie verzeihen einer Mutter Gottes ihre Heiligkeit, wenn sie nur gut gemalt. So bin ich nicht, so war ich nie.« Und so war Boehlich eben auch nicht; »Sprache und Herrschaft« (so der Titel seiner Rezension des neuen Duden-Wörterbuchs 1976 im *Spiegel*) begriff er als dialektisches Duo. Seine Sonderrolle (die im Heft, er hatte ja sowieso eine) war es, dem Endgültigen Satiremagazin einen festen Boden, eine »seriöse Säule« (Baureithel) einzuziehen, und wenn ich auch nicht Walter Boehlichs Nachfolger bin, sondern der, der an seiner Stelle schreiben darf, dann fiel einem Beobachter gelegentlich trotzdem ein, der Text, der früher »der Boehlich« war und im Redaktionsjargon nun schlicht »der Essay« genannt wird, sei so etwas wie der Kompaß des Heftes, und ich gäbe gewissermaßen die Marschrichtung vor. Das klingt gut, ist aber Quatsch, wie auch »der Boehlich« dem Heft nicht Politik diktierte. Die hatte (und hat) es von allein, es ist die Natur seiner Sache, politisch zu sein. Eher steil die Auffassung Klaus Cäsar Zehrers, der in seiner Dissertation über Robert Gernhardt und die Neue Frankfurter Schule den späten Boehlich, diesen »letzten Mohikaner der linken Publizistik« (schon das verkehrt), für einen »Fremdkörper in einem Heft« hielt, »das ansonsten nur noch wenig für die politische Bewußtseinsbildung seiner Leserschaft tut«: Ästhetik ist Politik, Satire ist es sowieso, selbst Nonsens ist es.

Auch der Nicht-Satiriker Boehlich brachte die Dinge zur Kenntlichkeit, die tatsächlich so aussahen wie von der Redaktion entstellt, und wenn hier zwischen den Künstlern und dem Nicht-Künstler unterschieden worden ist, dann um eine Differenz in der Haltung zu markieren, nicht um den Stilisten Boehlich zu unterschlagen, der die Trockenheit so unvergleichlich in den Sarkasmus zu treiben verstand: »Man hatte Schuld auf sich geladen, eine ungeheure und den wenigsten bewußte Schuld, aber die Strafe sollte sich doch lieber in Grenzen halten, am liebsten in den Grenzen von 1937, woraus allerdings nichts wurde.« (April 1993) Die Suggestivität dieses wie mündlichen, extemporierenden Erzähltons, der das Einfache so mühelos auch im (vordergründig) Schweren fand, erinnert vielleicht an Sebastian Haffner,[1] und auch dessen Suggestivität hatte ihr Heikles. Bei Haffner hatte Hitler die Deutschen »verraten«, weil er sie am Schluß zum Teufel wünschte; Boehlich schrieb der verdämmernden DDR im September 1990 hinterher: »Die Wahrheit ist wohl, daß die eine Hälfte der Bevölkerung die andere bespitzelt hatte, denn wie sonst hätten sich in den Akten der Staatssicherheit rund 8 Millionen Akten ansammeln können. Die sind nicht bloß durch die Arbeit der 86000 offiziellen Mitarbeiter des MfS zusammengekommen«, wobei die acht Millionen Akten freilich in 40 Jahren DDR zusammengekommen waren (zusammengetragen von, wie Wikipedia später weiß, 624 000 inoffiziellen Kräften). Das sind aber nur Späne, wo Boehlich gelegentlich hobelte; was die DDR anging, ekelte er sich viel weniger vor der Stasi als vor der verheuchelten Bosheit der BRD-Demokraten, die so taten, »als sei das braune Deutschland tatsächlich nur ein kleiner Betriebsunfall gewesen, während die rote DDR das große Menschheitsverbrechen gewesen zu sein scheint« (Februar 1992). Hier ekelt sich der Essay bis heute gern mit.

---

1 Darum sei die kleine Korrektur erlaubt: »Und dann hat es ja auch den braunen Mörder gegeben, von dem leider nicht ohne Zustimmung Späterer Sebastian Haffner behauptet hat, er wäre als Großer in die Geschichte eingegangen, wenn er rechtzeitig [...] gestorben oder ermordet worden wäre.« (November 1998) Behauptet hat das aber Joachim Fest, in seinem Hitlerbuch, während Haffner in wiederum seinem Hitlerbuch Fests Behauptung bestritten hat.

Komik, sagten wir eingangs, füllt Leerstellen, und vielleicht ist der ernste Text im Heft eine Leerstelle, die der Ernst gegen die Komik verteidigt. Komik, brachte in jüngerer Zeit die australische Comedienne Hannah Gadsby zur Sprache, reicht nicht überall hin, und das, was schmerzt, wird im Witz nicht immer gut: eine Binse womöglich, von Profis aber leicht vergessen. Als ich 1999 TITANIC-Redakteur wurde, war alles Komik: Im Fernsehen lief Harald Schmidt, zum Frühstück lasen wir *Bild*, die wir nicht für Dreck, sondern für Pop hielten, und daß wiederum Henscheid in summa recht hatte: »All dies bedeutet nämlich: nichts, nichts, absolut nichts mehr« (Sudelblätter, S. 437), war sowieso klar. Es ist natürlich Zufall, aber ein höherer, daß Boehlichs Kolumne, nichts weniger als postmodern, zu dieser Zeit endete, und vielleicht ein weiterer, daß der, der sie, weil alles Komik war, nicht recht beachtete, sie heute fortführt.[2]

Daß der Heftaufsatz trotz Vorbildern, die eher Kraus, Adorno, Gremliza und Henscheid heißen, ein wenig auch Boehlichs Erbe pflegt, daß ich hin und wieder Sätze lese, die sogar gut und schlicht nach Boehlich klingen: es ist der genius loci, einerseits; es sind aber auch die Zeitläufte, die das klare Wort zu einem ähnlich großen Bedürfnis werden lassen wie den Witz. Jenes klare Wort, das Walter Boehlich so unnachahmlich, genau: gesprochen hat. »Seine Stelle hat niemand eingenommen« (Reichert). Das ist bis heute so.

---

2 Und vielleicht ja auch symptomatisch, daß die Dissertation Zehrers (Dialektik der Satire. Zur Komik von Robert Gernhardt und der »Neuen Frankfurter Schule«, Bremen, Phil. Diss. 2002, online abrufbar), der sich als Herausgeber von Anthologien zur NFS (und mittlerweile auch als Romancier) Verdienste erworben hat, in ebender Zeit entstand, als alles wie ein Großwitz schien; Zehrer schrieb mit Blick aufs Heft beifällig von postsatirischer »Totaler Komik«: »So bleibt nichts, woran der Komiker mit voller Überzeugung festhalten und wofür er guten Gewissens werben kann – außer die Komik, die sich als Transportmittel verselbständigt und vom Transportmittel für Ideen zur alle anderen Ideen relativierenden Idee aufsteigt: The joke is the message. Für die jüngere Generation der NFS ist das bereits selbstverständlich: Der ›Titanic‹-Redakteur Stefan Gärtner, Jahrgang 1973, sagt, man prüfe Artikel und Einsendungen für das Heft einzig nach einem Kriterium: ›Ist es komisch?‹« (S. 160)

Editorische Notizen

Die TITANIC wird 40. Vom ersten Heft im November 1979 bis zum Februar 2001 schrieb Walter Boehlich die politische Kolumne, 251 an der Zahl. Dieser Band präsentiert also kaum ein Zehntel der Texte. Ausgewählt und angeordnet wurden sie so, dass die thematischen Schwerpunkte Boehlichs in der TITANIC erkennbar werden. Außerdem sollten sie leicht nachvollziehbar sein, ohne aufwändigen kritischen Apparat verständlich. Nicht zuletzt wurden Artikel deshalb aufgenommen, weil ihnen heute – und, wie zu befürchten steht, auch weiterhin – Aktualität zukommt.

Die vorliegende Edition folgt den publizierten Versionen der Essays. Nur in wenigen Fällen liegen Manuskriptfassungen von Walter Boehlich vor. Wenn vorhanden, wurden sie prüfend zu Rate gezogen. Walter Boehlich – kein Freund der neuen Rechtschreibung und keiner der alten – hätte jeden seiner Texte konsequent in Kleinschreibung veröffentlicht. Dennoch werden die Kolumnen hier so abgedruckt, wie sie in der TITANIC erschienen. Die Schreibweise der Kapitelüberschriften erweist Boehlichs Vorliebe eine kleine Reverenz.

Die Titel der Kolumnen stammen zumeist von Boehlich selbst, die Untertitel respektive Teaser von der Redaktion. Fotografien, Karikaturen und Bildunterschriften, die anfangs Teil der Texte waren, wurden nicht mit reproduziert. Die den Text begleitenden Zitate wurden von Boehlich ausgewählt. Offensichtliche Druckfehler wurden stillschweigend korrigiert.

Für keine andere Zeitung oder Zeitschrift schrieb der vor allem als Literaturkritiker und Übersetzer bekannte Walter Boehlich so kontinuierlich wie für die TITANIC. Sie war ihm der Publikationsort für seine politische Essayistik. Als Literaturkritiker tritt Boehlich in der TITANIC nicht auf – allenfalls als Sachbuchkritiker. Wer die Vielfalt von Boehlichs Schaffen kennenlernen will, der oder die lese:

Walter Boehlich: *Die Antwort ist das Unglück der Frage. Ausgewählte Schriften*, Frankfurt/M.: Fischer, 2011 und *Walter Boehlich. Kritiker*, Berlin: Akademie-Verlag, 2011.

Die Herausgeberinnen danken Norbert Gravius für die Möglichkeit, das TITANIC-Archiv zu sichten, der TITANIC-Redaktion und der Autorenstiftung Frankfurt am Main für die großzügige Unterstützung des Bandes.

Christoph Kapp und Helen Thein

staat bürger

Ein Gemüsehändler als Verfassungsfeind
Titanic (1981) H. 11, S. 20–22.
Hermann Brandt konnte ebensowenig Richter werden wie *sein Vorgänger in Nordrhein-Westfalen*, Volker Götz. Der *Rebell von Remstal*, Helmut Palmer, wurde schließlich 1982 vom Landgericht München zu einer Geldstrafe von 600 DM verurteilt.

Ein Nürnberger Prozeß
Titanic (1982) H. 1, S. 20–22.
Alle Prozesse wurden später eingestellt. Den Betroffenen wurde eine Entschädigung von 10 DM pro Hafttag zugestanden.

Repräsentanten des Staats
Titanic (1984) H. 10, S. 24–28.
Allein von Juli 1984 bis Juni 1985 berichtete der Westberliner »Tagesspiegel« von 103 Fällen von Verurteilung wegen Beamtenbeleidigung gegenüber Polizisten. Meist wurde der volle Name und die Wohnadresse der Verurteilten genannt.

Wie es euch gefällt
Titanic (1987) H. 1, S. 30–33.
1995 entschied das Bundesverfassungsgericht, dass Sitzblockaden an sich nicht den Tatbestand psychischer Gewalt erfüllen. Infolgedessen wurde eine »Zweite-Reihe-Rechtsprechung« vom Bundesgerichtshof formuliert: Autofahrer in der zweiten Reihe seien durch Sitzblockaden physisch der Möglichkeit beraubt, weiterzufahren. Das sei Nötigung.

Bayerische Spielregeln
Titanic (1988) H. 10, S. 30–33.
Im Januar 1989 wurde die *Buchhändlerin* Ursula Wolf vom Bundes-
gerichtshof freigesprochen.

Wer ist das Volk?
Titanic (1993) H. 4, S. 22/23.
Die Empfehlungen der Gemeinsamen Verfassungskommission wurden nur teilweise im »Gesetz zur Änderung des Grundgesetzes«
vom 27. Oktober 1994 umgesetzt. Eine Volksabstimmung wurde nicht
für nötig erachtet.

parteien staat

Kein Grund zur Selbstreinigung
Titanic (1984) H. 12, S. 38–41.
Helmut Kohl versprach im Bundestagswahlkampf 1980 eine *geistig-
moralische Wende*. Sie wurde, wie während der Flick-Affäre bekannt
wurde, auch durch illegale Parteienfinanzierung erreicht.

Der Tanker schwoit
Titanic (1985) H. 1, S. 36–39.
Als *Kanalarbeiter* bezeichnete sich der konservative Flügel der SPD-
Bundestagsfraktion. Sie vereinigten sich 1982 mit dem Seeheimer Kreis.

Es grünt so grün
Titanic (1985) H. 7, S. 27–31.

Nur die vollständige Hinrichtung
Titanic (1992) H. 4, S. 20/21.

Abgekanzelt
Titanic (1998) H. 11, S. 20–23.
Des *Kanzlers Liebling, die Atomministerin*, war Angela Merkel.

krieg schuld

Die Oder, Deutschlands Strom?
Titanic (1980) H. 6, S. 34.

Der Hinterhof
Titanic (1983) H. 7, S. 18–21.

Ich esse meine Suppe nicht
Titanic (1989) H. 9, S. 20–23.
Boehlich bezieht sich auf die Publikation: Dieter Blumenwitz: Denk
ich an Deutschland. *Antworten auf die deutsche Frage*, München:
Bayerische Landeszentrale für Politische Bildungsarbeit, 1989.

Die Zwickmühle
Titanic (1991) H. 3, S. 28–31.

Schaf im Wolfspelz
Titanic (1999) H. 11, S. 22–25.
Boehlich bezieht sich auf das Buch von Rudolf Scharping: Wir dürfen
nicht wegsehen. Der Kosovo-Krieg und Europa, Berlin: Ullstein, 1999.

vergeht verbrechen

Erbgut
Titanic (1979) H. 12, S. 22.
Erst seit 1994 ist die öffentliche Leugnung des Holocaust strafbar, auch ohne dass ein Angehöriger einer ehemals verfolgten Gruppe wegen Beleidigung die Strafverfolgung beantragt.

Wo sind sie geblieben?
Titanic (1980) H. 8, S. 27.
Mittels computergestützter Rasterfahndung suchte das BKA unter Leitung von Horst *Herold* RAF-Terroristen. Fritz *Teufel* wurde 1980 vom Vorwurf, an der Entführung des CDU-Politikers Peter Lorenz beteiligt gewesen zu sein, freigesprochen, aber wegen Waffenbesitzes und Mitgliedschaft in einer terroristischen Vereinigung verurteilt. Von den *570 Richtern* und Staatsanwälten des Volksgerichtshofes wurde einer, Ernst Lutz, 1947 zu zehn Jahren Zuchthaus verurteilt und nach vier Jahren vorzeitig entlassen. Einer, Paul Reimers, beging noch vor Prozessbeginn 1984 Suizid. Alle anderen blieben juristisch unbehelligt.

Alt-Heidelberg, du braune ...
Titanic (1987) H. 7, S. 24–27.
An der Aufklärung, wer Thomas Mann den *Ehrendoktor aberkannt* hatte, hatte sich Boehlich in den 1960er Jahren durch Artikel in der »Zeit« selbst beteiligt. Der *wunderbare Altphilologe* war Kurt Latte, sein *Kollege* der Althistoriker Ulrich Kahrstedt.

Sensibler Einsatz
Titanic (1987) H. 10, S. 34–37.
Überreste des Ghettos finden sich jetzt im »Museum Judengasse«,
das einen kleinen Teil des damals errichteten Verwaltungsgebäudes
einnimmt.

Erblasten
Titanic (1990) H. 9, S. 20–23.
Der *Greifswalder Professor* war Wolfgang Spiewok, der *Historiker*
Ernst Birke, der ab 1955 am Herder-Institut arbeitete.

Preußische Restauration
Titanic (1991) H. 9, S. 20–23.
Der *unfähigste Herrscher* war Friedrich Wilhelm III.

Ich, ich – wir
Titanic (1999) H. 1, S. 20–23.
Ignatz Bubis war Vorsitzender des Zentralrats der Juden in Deutsch-
land.

politiker reden

Was Hänschen nicht lernt ...
Titanic (1984) H. 7, S. 18–21.

Auf dem Repräsentierteller
Titanic (1988) H. 2, S. 26–29.

remember, remember

Titanic (1988) H. 12, S. 20–25.

Am 5. Mai 1985 gedachten der Präsident der USA, Ronald Reagan, und Helmut Kohl der Toten des Zweiten Weltkriegs auf dem Soldatenfriedhof *Bitburg*. Dort sind Soldaten der Wehrmacht und der Waffen-SS begraben.

Rede, daß ich dich sehe

Titanic (1994) H. 9, S. 22–25.

1994 konstituierte sich in *Magdeburg*, Sachsen-Anhalt, eine Minderheitsregierung, die von der PDS toleriert wurde.

fremde deutsche

Die Deutschen sterben aus

Titanic (1984) H. 4, S. 19–23.

Asyl! Asyl!

Titanic (1986) H. 10, S. 22–25.

Hermann *Fellner* forderte am 3.9.1986, das Individualrecht auf Asyl aus dem Grundgesetz zu streichen. Acht Monate zuvor hatte er in einem Interview erklärt, jüdische Forderungen nach Wiedergutmachungszahlungen für einstige Zwangsarbeiter hätten »weder eine rechtliche noch eine moralische Grundlage«. 1990 erhielt er das Verdienstkreuz am Bande der Bundesrepublik Deutschland.

Heim ins Reich
Titanic (1988) H. 9, S. 24–27.
1879 veröffentlichte Heinrich von Treitschke in den »Preußischen Jahrbüchern« die antisemitische Polemik »Unsere Aussichten«, in der er aus Osteuropa nach Preußen eingewanderte Juden als *hosen-verkaufende Jünglinge* verunglimpft. Boehlich dokumentiert die daraufhin entbrannte Debatte in: Der Berliner Antisemitismusstreit, Frankfurt/M.: Insel, 1965.

Destruktiver Nationalismus
Titanic (1990) H. 3, S. 20–23.
La germania farà da sè: Abwandlung der von König Albert 1848 im Risorgimento ausgegebenen Parole »L'Italia farà da sé«, Italien wird es alleine machen, die italienische Nation ohne Verhandlungen mit und Hilfe von Frankreich herstellen.

Sowas kommt von sowas
Titanic (1998) H. 9, S. 20–23.
Die Lehramtsanwärterin Fereshta Ludin konnte trotz gewonnenem Prozess vor dem Bundesverfassungsgericht in Baden-Württemberg nicht *Lehrerin* werden.

Von deutscher Leitkultur
Titanic (2000) H. 12, S. 20–23.

Günther Weisenborn

BIST DU EIN MENSCH, SO BIST DU AUCH VERLETZLICH. EIN LESEBUCH

280 Seiten
Broschur
19 €

ISBN: 978-3-95732-377-4

Ob als junger Wilder in den späten Jahren der Weimarer Republik oder als kritischer und engagierter Autor im Nachkriegsdeutschland: Günther Weisenborn hat immer wieder klar Stellung bezogen. Die Erinnerung an den Widerstand gegen die Nationalsozialisten war ihm ebenso wichtig wie das Warnen vor einem Wiedererstarken des Faschismus in der jungen Bundesrepublik, in der er sich immer wieder den Anfeindungen der Rechten ausgesetzt sah. Weisenborn war ein vielbeachteter und erfolgreicher Autor: Seine Stücke wurden von zahlreichen Bühnen im In- und Ausland gespielt, seine Romane in 18 Sprachen übersetzt. Heute ist vieles von dem, was er geschrieben hat, in Vergessenheit geraten – oder noch gar nicht veröffentlicht worden. Aus dem umfangreichen Nachlass Weisenborns hat Carsten Ramm Gedichte, Songs, Erzählungen und Essays, auch bisher unveröffentlichte Texte, zu einem Lesebuch zusammengestellt, das den Autor wiederentdeckt und im Kontext seiner Zeit vorstellt. Dabei werden erstaunliche und zum Teil erschreckende Parallelen zu unserer Gegenwart deutlich.

Immer wieder legte Günther Weisenborn sprachmächtig und präzise den Finger auf die brennenden Themen. [...] Günther Weisenborns gestochen scharfe Texte lesen sich heute jedoch aufrüttelnd aktuell.
Christiane Kort / Deutschlandfunk

Verbrecher Verlag | Gneisenaustraße 2a | 10961 Berlin | info@verbrecherei.de
www.verbrecherei.de

Erich Mühsam

DAS SEID IHR HUNDE WERT!

Ein Lesebuch

352 Seiten
Broschur
16 €

ISBN: 9783943167849

Es ist nicht möglich, Leben und Werk Erich Mühsams zu trennen. Er war Bohemien, Dichter, Anarchist, Humorist, politischer Publizist, Dramatiker, bisexueller Erotomane, Revolutionär, selbst in größter Not unbeirrbarer Menschenfreund und schließlich eines der ersten prominenten Opfer der Nazis. 1933 wurde er noch in der Nacht des Reichstagsbrandes verhaftet und nach monatelanger Folter im KZ Oranienburg ermordet.
Dieses Lesebuch zeichnet Mühsams lebenslangen Kampf »für Gerechtigkeit und Kultur« nach – mit Texten aus seinem reichhaltigen Werk, die bis heute nichts an ihrer politischen Aktualität verloren haben. Neben einigen Mühsam-Klassikern enthält diese Sammlung auch bislang unveröffentlichte Gedichte, Auszüge aus längeren Werken, ausgewählte Briefe und die Beschreibung seiner letzten Tage aus der Feder seiner Frau Zenzl.

Lest Mühsam!
Burkhard Müller/ Süddeutsche Zeitung.

Der Dichter und Theaterautor Mühsam wäre heute vielleicht vergessen. Doch »Das seid ihr Hunde wert« versammelt Artikel, Briefe, Tagebuchnotizen und Gedichte in chronologischer Ordnung und schafft so das bewegende Portrait eines überzeugten Anarchisten, der zeitlebens bereit war, für seine politischen Überzeugungen

Verbrecher Verlag | Gneisenaustraße 2a | 10961 Berlin | info@verbrecherei.de
www.verbrecherei.de

VERBRECHER VERLAG

Zeev Sternhell

FASCHISTISCHE IDEOLOGIE

Eine Einführung

Überarbeitete Neuausgabe

120 Seiten
Broschur
15 €

ISBN: 978-3-95732-312-5

» Es gibt in unserem politischen Vokabular nur wenige Begriffe, die sich einer solch umfassenden Beliebtheit wie das Wort Faschismus erfreuen, ebenso aber gibt es nicht viele Konzepte im politischen Vokabular der Gegenwart, die gleichzeitig derart verschwommen und unpräzise umrissen sind.« Mit diesem Satz leitete der bedeutende israelische Historiker Zeev Sternhell 1976 seinen Aufsatz »Faschistische Ideologie« ein. Dieser Satz gilt bis heute – insbesondere für Deutschland. Daher nimmt Sternhell in dieser Einführung (die nun in überarbeiteter Neuausgabe vorliegt) eine genaue Bestimmung des Begriffes Faschismus aus seiner historischen und ideologischen Entwicklung heraus vor.
Übersetzt wurde das Buch von Volkmar Wölk.

Die Neuausgabe kommt zu einem passenden Zeitpunkt. Im weitesten Sinne »rechtes« Denken muss seit dem Aufstieg des Populismus wieder identifiziert und debattiert werden.
Gustav Seibt / Süddeutsche Zeitung

Glänzend geschriebene Darstellung, die kaum gealtert erscheint
Thomas Wagner / Welt

Verbrecher Verlag | Gneisenaustraße 2a | 10961 Berlin | info@verbrecherei.de
www.verbrecherei.de

Ak Fe.In

FRAUEN*RECHTE
UND FRAUEN*HASS

Antifeminismus und die
Ethnisierung von Gewalt

Broschur
200 Seiten
15 €

ISBN: 978-3-95732-410-8

Antifeminismus will die Errungenschaften der (queer)feministischen Bewegungen zurückdrehen: durch Begriffsumdeutungen, Angriffe auf reproduktive Rechte, Ressourcen und Gleichstellungsmaßnahmen. Akteur*innen der extremen Rechten, Konservative und die »gesellschaftliche Mitte« treffen sich in einer Ideologie von Frauen*hass und LGBTIQ*feindlichkeit. Sie vereint der Wunsch nach einer binären Geschlechterordnung und einer Männlichkeit, die gemeinhin als »toxisch« bezeichnet wird. Antifeminismus kann auch tödlich sein: Der Glaube an männliche Vorherrschaft stellt die Basis für sexualisierte Gewalt, Femizide und Terrorismus dar. Paradoxerweise hat die Rechte »Frauenrechte« dort für sich entdeckt, wo die »weiße Frau als Opfer« eine scheinbar neue Mobilisierungskraft entfalten kann: in Kandel, Chemnitz oder Wien.

Wo antifaschistische Kritik diese rassistischen Frauenrechtskämpfe als reine Instrumentalisierung abtut, wird verkannt, dass das Engagement rechter Frauen* auch als Selbstermächtigung funktioniert – die jedoch antifeministisch bleibt.

Dagegen stellt dieses Buch einen Feminismus, der die patriarchale Ordnung hinterfragt, Männlichkeit nicht heilen will und grundlegend antifaschistisch ist.

Verbrecher Verlag | Gneisenaustraße 2a | 10961 Berlin | info@verbrecherei.de
www.verbrecherei.de

VERBRECHER VERLAG

Helen Thein /
Helmut Peitsch (Hg.)

LIEBEN, WAS ES NICHT GIBT

*Literatur, Pop und Politik bei
Ronald M. Schernikau*

lfb TEXTE 4

Broschur
368 Seiten
24 €

ISBN: 978-3-95732-2-005

Ronald M. Schernikau (1960–1991) veröffentlichte sein Debüt »Kleinstadtnovelle« noch vor dem Abitur. Da hatte er schon Erlebnisse für mehr als einen Roman gesammelt: In der DDR geboren, von der Mutter in den Westen geschmuggelt, zu einem Vater, der längst eine neue Familie hatte. Schwul zu sein, war eine weitere Facette dieses Andersseins, das sich als Mittendrin verstand. Nach einem Studium am Literaturinstitut in Leipzig ließ er sich 1989 in die DDR rückeinbürgern.

An seinem letzten Buch, der »legende«, schrieb er acht Jahre lang, bis zu seinem Tod. 2017 soll das Buch wieder lieferbar sein, als erster von drei Bänden einer Werkausgabe, die im Verbrecher Verlag erscheinen wird. In Vorbereitung dieser Schernikau-Werkausgabe wurde im Jahr 2015 aus Perspektiven des Verlagswesens, der Literatur und Wissenschaft, des Journalismus und der Popkultur auf die Relevanz und das Wirken dieses Autors geblickt. Dieser Band dokumentiert die Tagung im Literaturforum im Brecht-Haus und erscheint in der Schriftenreihe lfb Texte.

Mit Beiträgen von Martin Brandt, Dietmar Dath, Jens Friebe, Georg Fülberth, Sven Glawion, Marlies Janz, Christian Jäger, Thomas Keck, Mandy Köppen, Christine Künzel, Lucas Mielke, Helmut Peitsch, Ursula Püschel, Stefan Ripplinger, Erika Runge, Laura Schütz und Katja Stopka.

Verbrecher Verlag | Gneisenaustraße 2a | 10961 Berlin | info@verbrecherei.de
www.verbrecherei.de